Bauerngärten

ROBERT SULZBERGER

Bauerngärten

Anlegen und mit den
schönsten Pflanzen gestalten

Was Sie in diesem Buch finden

Der Bauerngarten gestern und heute 6

Kurze Entstehungsgeschichte des Bauerngartens 8
Der Bauerngarten in unseren Tagen 13
Das »Prinzip Bauergarten« 17
Bauernregeln – das geheime Wissen der Bäuerinnen 21

Stilelemente des Bauerngartens 24

Standort und Lage 26
Ein Platz für Menschen 28
Einladende Eingangsbögen 31
Zäune machen Gärten 33
Wege formen das Bild 37
Einfassungen – am besten lebendig 42
Die Wasserstelle 45

Gehölze bilden den Rahmen 46

Sträucher schaffen Gartenräume 48
Formschnittgehölze 52
Der Hausbaum 54
Die Obstwiese als Lebensraum 58

Bäuerlicher Pflanzenschmuck 60

Die Rose – Königin der Blumen 62
Stauden – die dauerhaften Blüten 66
Zwiebel- und Knollengewächse
   begleiten durch das Jahr 81
Blütenschmuck für einen Sommer 83
Bäuerlicher Schmuck auch für das
   Haus 86
Kletterpflanzen verhüllen kahle
   Wände 89
»Zauberpflanzen« 90

Nutzgarten-Praxis 92

Mischkultur hat Tradition 94
Kräuter – nützliche Begleiter
   durch's Gartenjahr 98
Alte Nutzpflanzen neu entdeckt 100
Pflegeleichte Beeren für
   Naschkatzen 110
Eine große Auswahl an
   Baumobst 114
Kompost – der »Magen des
   Gartens« 117
Bauernschlauer Pflanzenschutz 120

Anhang
Bezugsquellen und Adressen 122
Stichwortverzeichnis 124

Der Bauerngarten gestern und heute

Was macht eigentlich die Faszination des Bauerngartens aus? Ist es die lange Tradition, das Bild von urwüchsiger Üppigkeit oder die charmante Mischung aus Nützlichkeit und Schönheit? Werfen wir zunächst einen Blick auf die Entstehungsgeschichte dieses nützlichen Paradieses.

- **Kurze Entstehungsgeschichte des Bauerngartens** 8
  Grüne Archen mit langer Tradition
- **Der Bauerngarten in unseren Tagen** 13
  Von »echten« und »nachgeahmten« Bauerngärten
- **Das »Prinzip« Bauerngarten** 17
  Worauf es wirklich ankommt!
- **Bauernregeln – das geheime Wissen der Bäuerinnen** ... 21
  Das tradierte Wissen unserer Vorfahren

Kurze Entstehungsgeschichte des Bauerngartens

Um die Entwicklung des Bauerngartens, so wie er sich heute präsentiert, zu verstehen, müssen wir bis zum Anfang unserer Zeitrechnung zurückgehen. Um diese Zeit etwa dürfte der Garten, wie wir ihn kennen, entstanden sein. Die Bezeichnung »Garten« leitet sich übrigens ab vom gotischen »gairdan« beziehungsweise vom indogermanischen »ghorton«, was beides soviel bedeutet wie »umgürteter« oder »mit Gerten umfasster Ort«.
In dieser Geschichtsperiode wurde auch die Trennung von Obst- und Gemüseanbau vollzogen: Während das Obst, für das Vieh unerreichbar auf dem Baum, in der freien Landschaft gedieh, musste das Gemüse gegen die bedrohliche Natur rundherum eingezäunt werden. Nur auf diese Weise ließen sich naschhafte Hühner und Gänse sowie Wild von den mühselig aufgezogenen Nahrungspflanzen fern halten.
Obendrein entwickelte diese »eingefriedete« Zone mit der Zeit für die menschliche Gemeinschaft eine wichtige Bedeutung: Sie galt neben dem Haus als eine Art »Intimbereich«, der vom Gesetz gegen Anfechtungen von außen in Schutz genommen wurde.

Das Erbe der Römer

Die Entwicklung der für den Bauerngarten typischen Anbauweise war freilich nicht auf den Forschergeist der alten Germanen zurückzuführen, sondern auf den Eroberungsdrang der Römer. Denn im Gefolge der Heerscharen, die sich den Weg über die Alpen gebahnt hatten, kam auch die Kultur dieses hochentwickelten Volkes. Die Auswahl an Gemüse, das bis dahin in Germanien angebaut wurde, war in der Tat recht armselig gewesen.
Nun brachten die Römer aber nicht nur etliche mediterrane Pflanzenarten mit, um den Speisezettel der Belagerer zu bereichern. Sie exportierten auch zahlreiche Anbautechniken, zum Beispiel die Veredelung der Obstgehölze. Dass unser »Pfropfen« vom lateinischen »propagare« abstammt, mag als ein Hinweis darauf dienen.
Da fremde Einflüsse mit der Zeit wieder verloren gehen, wenn man sie nicht zu bewahren versteht, versickerten auch viele der importierten Kenntnisse im Sand der Geschichte, und so manche neu eingeführte Pflanzenart verschwand aus Mitteleuropa ebenso rasch wieder, wie sie gekommen war.
Eine gewaltige Neuerung bedeutete deshalb die Landgüterverordnung **Karls des Großen**, seit dem Jahre 800 n. Chr. römischer Kaiser fränkischer Abstammung: In seinem berühmten **Capitulare de Villis** befahl er, welche Pflanzenarten anzubauen waren, und bediente sich dabei erneut zahlreicher Anregungen seiner südländischen Nachbarn. Gurken und Melonen, Rosmarin und Kreuzkümmel, Fenchel und Artischocken beispielsweise finden sich bereits auf dieser Liste, obwohl sie auch heute teilweise noch zu den Exoten gezählt werden.

Kurze Entstehungsgeschichte des Bauerngartens

In seiner Landgüterverordnung »Capitulare de Villis« legte Karl der Große fest, welche Pflanzenarten im Garten anzubauen waren, um eine vielfältige Ernährung sicherzustellen.

Pflanzenliste des Capitulare de Villis
Wir wollen, dass man im Garten alle Kräuter habe, nämlich:

1. lilium – Weiße Lilie
2. rosas – Rosen
3. fenigrecum – Bockshornklee
4. costum – Frauenminze
5. salviam – Salbei
6. rutam – Raute
7. abrotanum – Eberraute
8. cucumeres – Gurken
9. pepones – Melonen
10. cucurbitas – Flaschenbirne
11. fasiosum – Saubohnen
12. ciminum – Kreuzkümmel
13. rosmarinum – Rosmarin
14. careium – Kümmel
15. cicerum – Kichererbse
16. squillam – Meerzwiebel
17. gladiolum – Schwertlilie
18. dragantea – Drachenwurz
19. anesum – Anis
20. coloquentidas – Koloquinten
21. solsequium – Zichorie
22. ameum – Ammi
23. silum – Laserkraut
24. lactucas – Salat
25. git – Schwarzkümmel
26. eruca alba – Rauke, weißer Senf
27. nasturtium – Kresse
28. parduna – Klette oder Pestwurz
29. peludium – Poleiminze
30. alisatum – Schwarzes Gemüse
31. petresilinum – Petersilie
32. apium – Sellerie
33. leuisticum – Liebstöckel
34. savinam – Sadebaum
35. anetum – Dill
36. fenicolum – Fenchel
37. intubas – Endivien
38. diptamnum – Diptam
39. sinape – Senf
40. satureiam – Bohnenkraut
41. sisimbrium – Krausenminze
42. mentam – Wasserminze
43. mentastrum – Waldminze
44. tanazitam – Rainfarn
45. neptam – Katzenminze
46. febrefugiam – Mutterkraut
47. papaver – Mohn
48. betas – Mangold
49. vulgigina – Haselwurz
50. mismalvas – Eibisch
51. malvas – Malven
52. carvitas – Möhren
53. pastinacas – Pastinak
54. adripias – Gartenmelde
55. blidas – Amaranth
56. ravacaulos – Kohlrabi
57. caulos – Kohl
58. uniones – Bärlauch
59. britlas – Schnittlauch
60. porros – Porree, Lauch
61. radices – Rettich
62. ascalonicas – Schalotten
63. cepas – Zwiebeln
64. allia – Knoblauch
65. warentiam – Krapp
66. caradones – Artischocken, Weberkarden
67. fabas majores – Große Bohnen
68. pifos Mauriscos – Felderbse
69. coriandrum – Koriander
70. cerfolium – Kerbel
71. lacteridas – Springkraut
72. sclareian – Muskatellersalbei

und der Gärtner soll auf seinem Hause haben: Hauswurz

10 DER BAUERNGARTEN GESTERN UND HEUTE

Die Gartenkultur wurde über die Jahrhunderte in den Klöstern fortentwickelt und mit deren Vordringen über die Alpen auch in den mitteleuropäischen Raum gebracht.

Damit schrieb er eine Artenvielfalt fest, die dem Ernährungs- und Gesundheitszustand seines Volkes zugute kam und bis in unsere Tage nachwirkt: Im gesamten ehemaligen »Reich« findet man seither den gleichen Grundstock an Gartenpflanzen.
Unterstützung erhielt Karl der Große – nicht nur bei seinen politischen Intrigen – von der Kirche: Zahlreiche Mönche wanderten nun, um das Christentum bei den germanischen Stämmen zu verbreiten, über die Alpen und brachten so im Laufe der Jahre erneut Samen und Pflanzen mit.

Der Einfluss der Klostergärten

Weil sie sich im Schutz ihrer Klöster selbst ernähren mussten und die Gartenarbeit eine willkommene Ergänzung ihrer geistlichen Exerzitien war, entwickelten die Mönche darüber hinaus auch die Kulturtechniken fort. Unter anderem widmeten sie sich intensiv der Pflanzenzucht. Bis heute gibt es unter den namhaften Obstsorten-Züchtern zahlreiche Geistliche.
Der Austausch zwischen den Klöstern sorgte für eine effektive Verbreitung der gärtneri-

schen Errungenschaften. Außerdem waren die Mönche für medizinische Versorgung zuständig und eigneten sich dazu beeindruckende Kräuterkenntnisse an. Als ein Markstein dieser Epoche sind die Werke der **Heiligen Hildegard, Äbtissin von Bingen** (1098–1179), zu nennen.

Weil die Mönche innerhalb ihrer Klostermauern alle wichtigen Gartenteile unterbringen mussten, stammen von ihnen die ersten durchdachten Gartenpläne. Dabei bildeten sich auch die strengen Formen aus, die für den Bauerngarten zum Teil heute noch typisch sind. Um den meditativen Charakter ihrer Arbeit hervorzuheben, ersannen die Mönche für den Garten das Wegkreuz. Ein besonders schöner Rosenstock im Zentrum des Rundbeets sowie die immergrüne Buchseinfassung ergänzen die Symbolik des Kreuzes: die Überwindung des Todes.

Entdeckung der Schönheit

Durch historische Ereignisse unterschiedlicher Tragweite erfuhr die Gartenlandschaft immer wieder wertvolle Erweiterungen. Von den **Kreuzzügen** zum Beispiel brachten die christlichen Ritter nicht nur Wunden und Ruhm mit nach Hause, sondern auch Blumen und Gewürze aus dem Morgenland. Der Ausbau der Handelswege ermöglichte einen rascheren Austausch über größere Entfernungen, die Erfindung des Buchdrucks sorgte für eine größere Verbreitung der Kenntnisse. Und die Entdeckung Amerikas durch **Kolumbus** schließlich eröffnete den Zugriff auf eine bis dato gänzlich unbekannte Pflanzenwelt. Viele Arten können wir uns aus unseren Gärten gar nicht mehr wegdenken: Kartoffeln und Tomaten etwa, Dahlie, Sonnenblume und Kapuzinerkresse.

Der Buchs war eine der ersten »überflüssigen« Pflanzen, die nur der Gestaltung wegen beziehungsweise der Freude am Anblick wegen in den Garten gepflanzt wurde. Hatte sich bis dahin alles dem Nützlichkeitsprinzip

Die Kartoffel, scheinbar eine der bodenständigsten Pflanzen, kam erst aus Amerika zu uns.

Bei den Barockschlössern stand nicht die Nützlichkeit, sondern vielmehr die Schönheit im Vordergrund.

tigte. Man lernte, dass sich anspruchslose Arten wie der Buchs sogar dem Willen des Menschen beugen und mit der Schere nach Belieben formen ließen. Das berühmte Barockschloss Versailles des »Sonnenkönigs« **Ludwig XIV.** bezeugt einen Höhepunkt dieser neuen, nicht gerade naturnahen Gartenkultur. Wie so oft wurde diese Entwicklung bei Adel und Stadtbürgern geboren, beeinflusste mit einer gewissen zeitlichen Verzögerung schließlich aber auch die Bauern. Nach wie vor werden in ihren Gärten viele Pflanzen in irgendeiner Weise genutzt. Aber unübersehbar ist ebenso, dass man sich dazu mittlerweile auch etliche Blumen gestattet, die einfach nur schön sind.

Der **englische Gartenstil** mit seiner Rückbesinnung auf die Natur, eine späte Gegenreaktion auf die Barockgärten, fand bei den Bauern verständlicherweise keine Resonanz. Trotzdem hat die Bandbreite der Stilrichtungen, die wir aus der Geschichte schöpfen können, wesentlich Einfluss genommen: Vom formstrengen Barock- oder Klostergarten über den pragmatischen Nutzgarten bis zum nostalgischen Blumengarten – alle haben den Bauerngarten auf die eine oder andere Weise mit geprägt.

Weitere Spielarten ergaben sich durch die Eigentümlichkeiten des jeweiligen Klimas, der Landschaft und des regionalen Brauchtums. Im Einzelnen darauf einzugehen, würde den Rahmen eines solchen Buches sprengen. Dem Leser wird allerdings nahe gelegt, nach den lokalen Traditionen zu forschen und sich davon anregen zu lassen, was er davon selbst pflegen und erhalten könnte.

unterordnen müssen, so entwickelten wohlhabende Bürger mit der Zeit immer mehr Interesse für so genannte »Lustgärten«, in denen man zur persönlichen Erbauung trefflich promenieren konnte.

Man entdeckte die Schönheit vieler Pflanzen, die allein ihren gärtnerischen Anbau rechtfer-

Der Bauerngarten in unseren Tagen

Es ist noch nicht lange her, da eiferten viele Bauern den Städtern nach. Sie bauten kahle, weiße Häuser mit Fenstern ohne Läden und ohne Fensterkreuz. Im Inneren herrschte eine kalte Großzügigkeit vor, die die kleinen und niedrigen, aber auch heimeligen Räume ablöste – mit pflegeleichten Resopalplatten in modischen Farben anstelle der betagten Massivholzmöbel.

Auch im Garten konnten sich manche gar nicht fortschrittlich genug darstellen, indem sie ihre neuen Häuser und die nackten Terrassen mit einem kurz geschorenen Rasen umgaben, willkürlich einige Blautannen, Thujen und Krüppelkoniferen darin verteilten und vielleicht noch ein pflegeleichtes Blumenbeet mit möglichst ausgefallenen Exoten anlegten, mit dem man sich vom »altmodischen« Blumenallerlei abhob.

Nostalgiegefühle

Inzwischen werden die Tugenden unserer Vorfahren wieder mehr geschätzt. Zum Beispiel die Weisheit, mit natürlichen Mitteln die Geschicke des Gartens lenken zu können: die Kenntnis der Zusammenhänge von Pflanzenwachstum und dem **Lauf der Gestirne**; die **Bauernregeln**, die auf Beobachtungen des Jahreslaufs über Generationen hinweg basierten; und nicht zuletzt **Großmutters Hausmittel**, die zwar nicht immer hundertprozentig, jedoch harmlos und angemessen wirken.

Aber auch der urbane Geschmack änderte sich. Aufgrund ökonomischer Zwänge in immer engere Siedlungen gepfercht, erinnern sich immer mehr Stadtbewohner an die Romantik von Großmutters Bauerngarten. Die kühle Atmosphäre unserer Wohn- und Arbeitswelt lässt Sehnsüchte wachsen nach der fröhlichen Üppigkeit der Blüten aus den glücklich-unbeschwerten Tagen der Kindheit. So wurde der Bauerngarten zum Sinnbild eines Gegentrends, weg von gefühlloser Prunksucht, hin zu der charmanten Mischung aus Schönheit, Nützlichkeit und Freizügigkeit vergangener Jahre. Angesichts ständig wachsender sozialer Unsicherheiten und notwendiger Reglementierungen erfüllt uns seine übersichtliche Ordnung mit Ruhe und kann uns viele beschauliche Stunden bescheren. Auch

Eine charmante Mischung aus Schönheit und Nützlichkeit: geometrisch angelegte Wege mit natürlichen Materialien und einem Rondell als Zentrum.

ein Gefühl für größere Zusammenhänge, als sie die Schulweisheit lehrt, steht uns in diesen Zeiten gut an. Und so besinnen sich viele wieder auf die Heilkräfte unserer Kräuter und auf die Gesundheit von frischem, ohne Chemikalien angebautem Obst und Gemüse.

»Echt« oder nachempfunden?

Dennoch: Wenn wir heute über Bauerngärten reden, können wir nicht davon ausgehen, dass jeder dasselbe Bild vor Augen hat. Für den einen bedeutet das ein klares, buchsgesäumtes Wegekreuz mit sauberen Kieswegen und üppigen Blumenbeeten, für den anderen einen knorrigen Holzzaun, einen moosbewachsenen Brunnen und einen bepflanzten alten Stiefel, während ein Dritter bei dem Stichwort eine alte Bäuerin sieht, die, umringt von einer schmusigen Katze und schnatternden Gänsen, große Salatköpfe erntet.

Die Geschmäcker sind verschieden. Wenn wir heute einen Bauerngarten gestalten wollen, empfiehlt es sich, zumindest zwischen einem »echten« Bauerngarten, der zu einem intakten oder zumindest ehemaligen Bauernhof gehört, und einem nachempfundenen Bauerngarten in einer städtischen Siedlung zu unterscheiden. Viele Versatzstücke, die auf einem Bauernhof selbstverständliches Inventar sind, können in einer fremden Umgebung

Wenn der Garten zu einem Bauernhof gehört, ist es sinnvoll, sich mit der lokalen Tradition zu beschäftigen und nicht nur Versatzstücke aus dem Gartencenter zu verwenden.

kitschig wirken. Dies sei hier nur angedeutet – ohne definieren zu wollen, was »Kitsch« ist, und diesen abzukanzeln.

Bei einem »**echten**« **Bauerngarten** macht es Sinn, die Frage nach der Tradition etwas genauer zu nehmen. Hier wird zum Beispiel eine strenge Wegeform besser in die Umgebung passen als in einem städtischen Reihenhausgarten. Aufgrund der im Allgemeinen großzügigeren Platzverhältnisse wird man in einem »echten« zudem die traditionelle Aufteilung in umzäunten Garten, Obstwiese und Feldgemüsebau beibehalten, während im **nachgeahmten Bauerngarten** mangels Alternativen und Platz natürlich auch Obstbäume und Grobgemüse innerhalb der Umzäunung Platz finden müssen.

Freilich steht es dem Städter nicht an, Bauern Vorwürfe zu machen, wenn sie den seiner Meinung nach rechten Pfad der Tradition verlassen und sich von zeitgemäßen Entwicklungen beeinflussen lassen. Gerade der »echte« Bauerngarten ist kein Museum – und war es noch nie. Manche Neuerungen mögen wohl etwas länger gebraucht haben, bis sie sich auf dem entlegensten Bauernhof etablieren konnten. Die »Paradiesäpfel« beispielsweise, also die Tomaten, haben viele Bauerngärten erst im letzten Jahrhundert erobert, nachdem zuvor die Gemüseauswahl eher ärmlich gewesen war. Blindes Nacheifern der ständig wechselnden städtischen Moden ist für den bäuerlichen Garten sicher nicht typisch. Aber ebenso wenig darf man von Bauern verlangen, dass sie blind an den Traditionen festhalten, um für den städtischen Erholungssuchenden ein lebendiges Museum abzugeben.

Ein altes Holzfass, traditionsreiche Pflanzen, von einem knorrigen Holzzaun umringt – so entsteht ein Garten mit bäuerlicher Romantik.

Natur oder Kultur?

Ebenso lässt sich darüber streiten, inwieweit die Forderung von Naturschützern, bevorzugt einheimische Pflanzen zu verwenden, auch für den Bauerngarten zutrifft. Einerseits könnte die Antwort lauten, die Bauern ließen seit jeher ja auch verschiedene heimische Kräutlein im Garten verwildern, weil sie deren Wert – für Heilwirkungen oder Pflanzenjauchen zum Beispiel – sehr gut kennen und daher schätzen.

Auf der anderen Seite ist der Bauerngarten ein bewusst durch den Zaun von der Natur abgegrenzter Raum, in dem der Mensch seine Wünsche verwirklichen kann. Und dazu gehört eben nicht nur die geschützte Produktion pflanzlicher Nahrungsmittel, sondern auch die liebevolle Aufzucht und Pflege von Zier-

Schon ein einfacher Holzzaun, umrankt von einem Meer fröhlicher Blüten, schafft ein Bild urwüchsiger Üppigkeit, das Erinnerungen an die Sommer der Kindheit wecken kann.

pflanzen, die das Auge erfreuen und in ihrer eingewachsenen Gemeinschaft einen Hauch von nostalgischer Romantik erzeugen.

Nach all den Fremdeinflüssen, die auf unsere Gartengeschichte einwirkten, fällt es schwer, einheimische und fremdländische Pflanzen sinnvoll auseinander zu halten. Madonnenlilien, Kaiserkronen und Tulpen etwa stammen aus dem Vorderen Orient. Pfingstrosen und Tränendes Herz haben den langen Weg von China hinter sich, Dahlien, Sonnenblume und Sonnenbraut kamen gar aus der Neuen Welt quer über den Ozean zu uns. Und doch haben sie alle heute einen angestammten Platz in unseren Gärten – und in unseren Herzen.

Entscheidend erscheint mir die Romantik, die uns der Bauerngarten beschert, denn sie verbindet sich vielfach mit Kindheitserinnerungen. Das Naschen der Johannisbeeren und der süßeren, dafür aber bewehrten Stachelbeeren vom Strauch und die Freude an den einfachen und klaren Blütenformen und deren urwüchsiger Üppigkeit. Dazu so symbolkräftige Bilder wie die Herzchenblume – das sind für ein Kind bleibende Eindrücke, und aus solchen Mustern werden nostalgische Gefühle gestrickt. Mein Plädoyer daher: Im nachgeahmten Bauerngarten darf alles Platz finden, was mit schönen Erinnerungen verbunden ist!

Das »Prinzip Bauerngarten«

Die Größe des Gartens wird häufig vom Geldbeutel oder einfach vom verfügbaren Platz bestimmt. Der Bauerngarten kann uns deshalb sinnvolle Beispiele liefern, wie man damit am effektivsten umgeht. Außerdem funktioniert er im Prinzip so, wie es unseren heutigen Bedürfnissen entspricht:
In manchen Bauerngärten wachsen Gemüse, Blumen und Kräuter scheinbar ungeordnet durcheinander. Um solche funktionierenden Gemeinschaften zu erzielen, braucht man zweierlei: die Geduld, der selbstständigen Entwicklung der Pflanzen zuzusehen, und das Gefühl dafür, welche zusammenpassen. Dabei muss man das Gefühl nicht in die Wiege gelegt bekommen – auch die erfolgreichsten Bäuerinnen haben meist erst aus Beobachtung und Erfahrung gelernt.

Das Prinzip

Mit relativ geringem Arbeitsaufwand aus der begrenzten kleinen Fläche ein Optimum an Erntegut und Blütenpracht herauszuholen.

Viel Nutzen auf wenig Raum

Einige Kräuter ergänzen sich in Wuchsform und Wurzelwachstum gut mit vielen Gemüsearten. Blumen zwischen den Nahrungspflanzen sorgen für eine vorteilhafte Durchwurzelung des Bodens und schützen ihn vor Austrocknung. Die Blüten locken nützliche Insekten an und lenken potenzielle Schaderreger ab. Außerdem vermehren sich manche Blumen so vital, dass sie die Ausbreitung von unerwünschten Wildkräutern einschränken und so die Hack- und Jätearbeiten im Rahmen halten. Zierstauden schließlich lösen sich im Laufe des Jahres mit ihren Blüten ab und halten mit ihrem Laub obendrein den Boden gut bedeckt.

Die höhere Kunst der Gestaltung besteht darin, dass die gleichzeitig blühenden Arten in Gestalt und Farbe harmonieren. Durch die gezielte Auswahl von Pflanzen- und Laubformen, durch das Einfügen betörend duftender Blüten und Blätter oder auch geschickte Kombination mit stilgerechten Bauelementen und

Das ist der Bauerngarten: viel Nutzen und gleichzeitig Schönheit auf relativ kleiner Fläche.

stimmungsvollen Accessoires lassen sich nahezu alle Sinne ansprechen. So entsteht eine kleine, vielseitige Welt, die beim einen die Fantasie anregt und beim anderen romantisch-nostalgische Gefühle weckt.

Es ist ein hoher Anspruch, all diese Prinzipien in die Tat umzusetzen, und das ist natürlich nicht von heute auf morgen zu erlernen. Aber nach aufmerksamem Studium dieses Buches können Sie sicher die ersten gelungenen Kombinationen kreieren.

Heilsame Blüten und Wurzeln

Die traditionsreichsten Bauerngartenblumen sind alle auch zu irgendetwas nütze. Selbstverständlich kann man sagen: Auch der Anblick einer schönen Pflanze ist ein Wert, der für unsere Stimmungslage gar nicht hoch genug geschätzt werden kann. Doch der Nutzen, der hier gemeint ist, ist handfesterer Natur: Viele Blumen zwischen den Würzkräutern und Gemüsen besitzen Heilkräfte.

Die **Ringelblume** zum Beispiel hat sich nicht nur hervorragend als Mischkultur-Partner bewährt. Seit langem wird aus ihren hübschen gelben Blüten eine hautfreundliche Salbe hergestellt, die auch desinfizierend wirkt. Die **Madonnenlilie** liefert ein schmerzlinderndes Öl, das Rhizom der **Schwertlilie** *(Iris germanica)* kann helfen, die Verdauung zu regulieren. Aus den Blüten der **Königskerze** lässt sich ein wirksamer Hustentee zubereiten, und aus **Stiefmütterchen** gewinnt man einen blutreinigenden Tee. Die Wurzeln von **Alant** und **Eibisch** wirken wohltuend für Hals und Bron-

Schönste Blumen, wie Madonnenlilie (oben) und Pfingstrose (Mitte), können ebenso heilsame Kräfte enthalten wie manche Wildkräuter, zum Beispiel das Schöllkraut (unten).

Weil eine vielseitige Ernährung gesünder ist, versucht man im Bauerngarten seit langem, die traditionelle Pflanzenauswahl durch Neuentdeckungen aus aller Welt zu erweitern.

chien. **Frauenmantel** und **Mutterkraut** besitzen Inhaltsstoffe, mit denen sich die Menstruation regulieren lässt. Aus den Wurzeln der **Pfingstrose** kann man krampflösende Präparate zubereiten, und der **Fingerhut** enthält herzwirksame Glykoside.

Die beiden letztgenannten Beispiele machen freilich auch deutlich, dass eine Selbstmedikation nicht immer anzuraten ist. Aber alleine das Wissen um die Kräfte dieser Gartenschönheiten verleiht ihnen eine zusätzliche Dimension. Und in leichteren Krankheitsfällen kann man sich durchaus auch heute noch, mit der Hilfe eines guten Kräuterbuches, selbst Linderung verschaffen.

Auch »Unkraut« kann nützlich sein

Lässt die Bäuerin einige wild wachsende Kräutlein gedeihen, so hat das nicht immer nur den Grund, dass sie mit dem Jäten nicht nachkommt. Abgesehen davon, dass sich unter den Wildpflanzen etliche in ihrer Bescheidenheit besonders anmutige Vertreter finden: Häufig erfüllen diese Eindringlinge einen guten Zweck.

Brennnessel und **Schachtelhalm** etwa lassen sich zu Dünge- bzw. Pflanzenschutz-Jauchen für die anderen Gartenbewohner verarbeiten. Der auf verdichteten Böden heimische **Huflattich** und der in der Wiese blühende **Spitz-**

wegerich sind zwei der wichtigsten Bestandteile von Husten- und Bronchialtees. Die Gerbstoffe des **Schmalblättrigen Weidenröschens** werden bevorzugt bei Leber- und Gallenleiden eingesetzt. Aus **Johanniskraut** kann die gestresste Bäuerin einen beruhigenden Tee brauen. Und wenn sie die Milch, die sich im Stängel des **Schöllkrauts** befindet, regelmäßig über ihre Warzen streicht, so verschwinden diese mit der Zeit.

Dies sind nur einige willkürlich herausgegriffene Beispiele. Nebenbei sei auch an den Aspekt des Naturschutzes erinnert: Einheimische Pflanzen wie die Brennnessel und das Weidenröschen bilden oft eine bedeutsame Futterquelle für bedrohte Insekten- und Schmetterlingsarten.

Vielseitige Ernährung von gesundem Boden

»Was der Bauer nicht kennt, das isst er nicht«, sagt ein altes Sprichwort. Ein gewisses Misstrauen gegenüber Neuerungen war schon jeher ein auffälliger Charakterzug des Bauernstandes – soweit sich das verallgemeinern lässt. Und nachdem die meisten Nahrungsmittel selbst erzeugt wurden, kann man vom Speiseplan auch auf den Anbauplan im Garten rückschließen.

Karl der Große wusste um diese Eigenschaft seines Volkes. Seine bereits erwähnte Landgüterverordnung (siehe Seite 10/11) zielte deshalb darauf ab, die Vielfalt der Gartenpflanzen zu erweitern. Dabei ging es dem Herrscher weniger um Pflanzenliebhaberei oder um kulinarische Finessen. Vielmehr verbürgt ein abwechslungsreicher Speisezettel eine bessere Gesundheit. Heute weiß man, dass viele früher verbreitete Krankheiten nichts anderes waren als Mangelerscheinungen, die auf einseitige Ernährung zurückzuführen sind.

Einwanderer und vergessene Schätze

Der traditionelle Bauerngarten ist über solche Kinderkrankheiten hinweg. Tomaten und Kartoffeln aus **Amerika** haben nach anfänglichen Schwierigkeiten längst ihren Stammplatz im traditionellen Bauerngarten: Der »typisch deutsche« Kohl, Bohnen, Zwiebeln und die verschiedenen Rüben werden heute bei aufgeschlossenen Bäuerinnen durch zahlreiche Pflanzen **mediterraner Herkunft,** wie Sellerie, Fenchel, Radicchio und Zucchini ergänzt.

Bei aller Offenheit für exotische Neuheiten sollten wir dennoch nicht vergessen, einen Blick auf die Essgewohnheiten unserer Vorväter zu werfen. Dort finden sich nämlich einige Gemüsearten, die nahezu unbekannte Geschmacksrichtungen auf den Tisch zaubern, weil sie zu unrecht in Vergessenheit geraten sind. Einige erweisen sich als besonders robust und unproblematisch – eine willkommene Eigenschaft angesichts unserer Bemühungen um sowohl zeitsparenden als auch chemiefreien Anbau. Und darüber hinaus erweitern diese Arten die Möglichkeiten nostalgischer Gartenkultur (siehe Seite 100).

Bauernregeln – das geheime Wissen der Bäuerinnen

Untrennbar mit der Kultur des Bauerngartens verbunden sind die Bauernregeln – kurz- bis mittelfristige Wetterprognosen in Reimform. Dieser Erfahrungsschatz unserer Altvorderen verdient es durchaus, wieder mehr gewürdigt zu werden. Man darf die Bauernregeln allerdings nicht immer wörtlich nehmen. An allzu vielen Terminen zum Beispiel soll sich laut Reim das Wetter noch über Wochen so halten wie zu einem bestimmten Datum. Am bekanntesten und bewährtesten hierfür ist wohl der »Siebenschläfer« (27. 6.):

*Das Wetter am Siebenschläfertag
sieben Wochen bleiben mag.*

Es ist zwar richtig, dass es im Jahr mehrere Phasen gibt, in denen die Weichen für die nächste Zukunft gestellt werden, und der Siebenschläfer (27.|6.) ist ein solcher. Dennoch: Diese »Lostage« erscheinen teilweise in so dichter Folge, dass es schlicht unmöglich ist, dass sie alle jeweils über das Klima mehrerer Wochen entscheiden.

Herkunft und Gültigkeit

Eine Erklärung für solche Fehleinschätzungen dürfte nicht zuletzt die Lust am Reimen und die fehlerhafte Weitergabe solch allgemeiner Regeln sein, zum Teil über Kalenderverschiebungen hinweg. Außerdem sollte man sich bewusst machen, dass dieselbe Wetterregel an einem Ort eine hohe Trefferquote haben kann, 20 km weiter dagegen versagt. Viele Sprüche haben nämlich einen engen lokalen Bezug; so kann beispielsweise die Lage an einer großen Wasserader oder hinter einem Bergrücken ein ganz eigenes Klima erzeugen. Dieser Zusammenhang aber ist in unseren globalen Sammlungen von Bauernregeln außer Sicht geraten. Und nicht zuletzt müssen wir feststellen, dass sich der Witterungsverlauf eines Jahres in den letzten Jahrzehnten gegenüber früher deutlich verändert hat. Auf der anderen Seite basieren die Bauernre-

Der bäuerliche Arbeitskalender basiert auf der Kenntnis von Naturzusammenhängen und einem reichen Erfahrungsschatz, der in die Bauernregeln eingeflossen ist.

Beispiele für Bauernregeln

Nach Mattheis (24. 2.)
geht kein Fuchs mehr über's Eis.

Bauen um Markus (25. 3.) schon die Schwalben,
gibt's viel Futter, Korn und Kalben.

Mit der Sens' St. Barnabas (11. 6.)
schneidet ab das längste Gras.

Die erste Birn' bringt Margaret (20. 7.),
drauf überall die Ernt' angeht.

Werfen die Ameisen an St. Anna (26. 7.)
höher auf,
so folgt ein strenger Winter drauf.

Bleiben die Störche noch nach Bartholomä (24. 8.),
so tut der Winter nicht arg weh.

St. Hedwig (15. 10.) und St. Galle (16. 10.)
machen das schöne Wetter alle.

Im November Morgenrot
mit langem Regen droht.

geln häufig auf jahrhundertelangen Beobachtungen der Natur durch die Menschen, deren Arbeitserfolg und damit Existenz massiv vom Klima abhingen. Deshalb kann man gewisse Zusammenhänge zwischen bestimmten Vorgängen in der Natur und der Entwicklung des Wetters nicht einfach vom Tisch wischen. Wissenschaftler wie der Agrarmeteorologe Dr. Hans Häckel vom Deutschen Wetterdienst weisen darauf hin, dass sich hinter den Beobachtungen oft so genannte Singularitäten verbergen. Dabei handelt es sich um Klimaentwicklungen, die sich jeweils in einem bestimmten Stadium des Jahresverlaufs mit einer relativ hohen Wahrscheinlichkeit wiederholen. Der Meteorologe Horst Malberg hat sich intensiv mit diesen Dingen auseinander gesetzt und ein Buch verfasst, in dem er die Aussagekraft vieler Bauernregeln bestätigt (siehe Seite 123).

Gärtnern mit dem Mond

Wenn man die Natur intensiv beobachtet, liegt es auch nahe, die Entwicklung von Wetter und Pflanzenwachstum mit dem Lauf der Gestirne, allem voran des Monds, in Zusammenhang zu bringen.
Viele Naturrhythmen unterliegen dem Einfluss der Gestirne. Dass mit dem Licht des Mondes die Vitalität der Pflanzen zunimmt, gilt als recht verbreitet: Je näher dem Vollmond, desto mehr »Saft« und damit Widerstandskraft haben die Pflanzen. Kurz vor Neumond hingegen sollen die Reproduktionskräfte in den Pflanzen geschwächt sein.
Allen voran hat **Maria Thun** dem »Mondgärtnern« und den »kosmischen Aussaatdaten« zu größerer Beachtung verholfen. In über 50-jähriger Arbeit erforschte die Landwirtin aus Hessen den Einfluss der Gestirne auf das Gedeihen der Pflanzen. Angeregt wurde sie dazu durch **Rudolf Steiner**, den Begründer des biologisch-dynamischen Anbaus.
Maria Thun empfiehlt aufgrund ihrer Erfahrungen, die Pflegemaßnahmen – allem voran die Aussaat – an den Tagen auszuführen, an

Bauernregeln – das geheime Wissen der Bäuerinnen

Die Zusammenhänge zwischen dem Lauf der Gestirne und dem Pflanzenwachstum galten lange Zeit als Geheimwissen. Mittlerweile sind Mondkalender weit verbreitet.

Allerdings sind auch zahlreiche Kalender auf dem Markt, die ihre Empfehlungen auf anderen Daten und Zusammenhängen aufbauen (siehe Seite 123). Das führt mitunter zur Verwirrung. Daher muss jeder mondbegeisterte Gärtner selbst entscheiden, ob er eher den astrologischen Tipps (z. B. Paungger/Poppe) oder den biologisch-dynamischen, auf astronomischen Daten basierenden Aussaatdaten (nach Maria Thun) folgen möchte.

denen der Mond in einem Sternbild des zur Pflanzengruppe gehörigen Kräftetrigons steht. Bei einem »falschen« Aussaat- oder Pflanztermin sei demnach damit zu rechnen, dass die Samen schlechter keimen, Gemüse vorzeitig in Blüte gehen, die Pflanzen von Krankheiten befallen werden oder mit verkrüppeltem Wachstum reagieren.

Die Phase des abnehmenden Mondes interpretierte Maria Thun als einen Rückzug der Kräfte und Säfte in bodennahe Organe, wodurch oberhalb des Bodens eine Ruhephase eintritt. Dies bezeichnet sie als »Pflanzzeit«, in der man besonders gut pflanzen kann, aber auch Gehölze geschnitten oder Stecklinge bewurzelt werden können. Weitere Einzelheiten und die täglichen kosmischen Konstellationen sind ihren »Aussaattagen« zu entnehmen.

Auf einen Blick

- Der Bauerngarten blickt auf eine jahrtausendealte Tradition zurück.
- Von römischer und klösterlicher Gartenkultur über mittelalterliche Neuentdeckungen und feudale Barockgärten bis zur modernen Landwirtschaft, hat er sich bei gleichzeitiger Rückbesinnung auf alte Werte immer wieder den neuen zeitlichen Strömungen angepasst.
- Es ist sinnvoll, bei der Gestaltung zwischen einem echten und einem sogenannten nachgeahmten Bauerngarten zu unterscheiden.
- Durchgehendes Prinzip beim Bauerngarten ist, dass auf begrenztem Raum in harmonischer Eintracht möglichst viele schöne und ebenso nützliche Pflanzen gedeihen.
- Durch langfristige Beobachtung des Witterungsverlaufs und der Bewegungen am Himmelszelt wurde ein Fundus an Weisheiten gesammelt, an denen sich der Gärtner orientieren kann (»Bauernregeln«).

Stilelemente des Bauerngartens

Was einen Bauerngarten ausmacht, sind einige wesentliche Elemente wie Umzäunung und Wegesystem – und selbstverständlich die Pflanzen. Innerhalb dieses Spektrums stehen eine Menge gestalterischer Möglichkeiten zur Auswahl.

- **Standort und Lage** 26
  Die beste Lage, Form und Größe für einen Bauerngarten
- **Ein Platz für Menschen** 28
  Raum zum Verweilen und zum Erholen
- **Einladende Eingangsbögen** 31
  Die blumige Visitenkarte des Gartens
- **Zäune machen Gärten** 33
  Gärten gestalten heißt Räume schaffen
- **Wege formen das Bild** 37
  Den Garten erschließen und strukturieren
- **Einfassungen – am besten lebendig** 42
  Von Kräuterhecken und Polsterpflanzen
- **Die Wasserstelle** 45
  Die symbolische Quelle des Lebens

Standort und Lage

Als Standort wählt man wie für jeden Gemüse- und Kräutergarten am besten eine voll besonnte Südseite; leichte Abweichungen nach Osten oder Westen spielen keine Rolle. Grund ist der hohe Licht- und Wärmebedarf vieler Gewächse, vor allem wenn diese ursprünglich aus südlichen Ländern stammen. Eine windgeschützte Garteninsel, wo sich das Sonnenlicht fängt und als Wärme in den Boden eindringt, erhöht die Lebensqualität der Einwohner und ihre Vielfalt. Ein Schattenbiotop ist zwar auch reizvoll zu bepflanzen, aber sicher kein typisches Element des Bauerngartens.

Die richtige Form und Größe

Bei einem intakten bäuerlichen Dorfgefüge befinden sich in der näheren Umgebung Wildhecken, ein Bach, ein Dorfweiher und große Bäume, vielleicht sogar ein Wäldchen. Zum

Der klassische Bauerngarten liegt nahe am Haus. Dort sind Gemüse und Küchenkräuter rasch zu erreichen – wegen des Kleinklimas am besten auf der Südseite.

Form und Größe eines Gartens können variieren, für den Gesamteindruck spielt dagegen die nähere Umgebung eine entscheidende Rolle.

Hof selbst gehören dann noch eine Streuobstwiese und Ackerflächen mit Feldgemüse. Eventuell existiert sogar ein abgetrennter Vorgarten. Es sind also alle wesentlichen Strukturen vorhanden, sowohl für die menschliche Gemeinschaft als auch im Sinne einer ökologischen Vielfalt.

Selbst auf dem Lande kann man heutzutage davon jedoch nicht mehr gesichert ausgehen. Daher ist es an dieser Stelle sinnvoll, noch einmal auf die Unterscheidung von echten und nachgeahmten Bauerngärten hinzuweisen (siehe Seite 14). Ein »echter« Bauerngarten kann auf die Bestandteile, die in der näheren Umgebung Platz finden, komplett verzichten. Er kommt dadurch notfalls schon mit 25 m² Grundfläche aus.

Anders der nachgeahmte Bauerngarten: Hier wird man bestrebt sein, innerhalb der Umzäunung auch Hausbaum, Hecken, Obst- und Wildgehölze unterzubringen. In Verbindung mit großzügigen, buchsgesäumten Weganlagen lässt sich so auch ein Garten mit 250 m² oder mehr stilgerecht füllen. Eine optimale Größe liegt vielleicht bei etwa 100 m².

In der Regel gibt man der Fläche eine **rechteckige bzw. quadratische Form**. Darüber hinaus empfiehlt sich, durch hochwüchsige Pflanzen auch eine räumliche Dimension zu schaffen. Das geschieht zum Teil mit Gehölzen, aber auch einige zweijährige Pflanzen erfüllen diesen Zweck, Stockrose, Fingerhut und Königskerze etwa. Ebenso spielt die Umzäunung in dieser Hinsicht eine Rolle.

Ein Platz für Menschen

Eine **Sitzbank** an der Südseite des Hauses gestattet auch am Abend sowie im Frühjahr und im Herbst, wenn es anderswo zum Sitzen zu kalt ist, ein Pläuschchen im Freien. Denn die Hauswand speichert tagsüber die Sonnenwärme und gibt sie abends wieder an die kühlere Umgebung ab.

Die **Möbel** sollten stabil und wetterfest sein. Bei Bedarf dürfen sie auch zusammenklappbar sein, aber möglichst nicht aus weißem oder gar farbigem Kunststoff, sondern aus Holz. Eine Bank aus parallelen, längs liegenden Latten wirkt schlicht und harmonisch.

Etwas uriger und wuchtiger muten Bänke aus halbierten Baumstämmen an, die deshalb auch ein entsprechendes Umfeld erfordern. Ein zusätzlicher Tisch macht die Sache nicht nur geselliger, sondern lädt auch zum Essen, Arbeiten und Spielen im Garten ein. Natürlich sollten der Tisch und gegebenenfalls weitere Sitzmöbel von Stil und Material her zur vorhandenen Bank passen.

Auch der Untergrund sollte sich in die Umgebung einfügen. Kies wäre ein natürliches Material. Eine **Befestigung des Bodens** mit Pflaster oder Platten kann ebenfalls harmonisch

Bei aller Geschäftigkeit sollte doch auch ein ruhiges, warmes Plätzchen eingerichtet werden, von dem aus der Gärtner sein Werk mit Wohlgefallen betrachten kann.

aussehen. Eher unpassend jedoch wäre eine kahle Terrasse mit einem großflächigen Plattenmuster.

Lauschige Geborgenheit im Grünen

Für Betrachter wie Benutzer wirkt ein Sitzplatz in einem lauschigen Eckchen, den man nicht auf den ersten Blick entdeckt, geborgen von einem luftigen und schattigen Blätterdach, besonders idyllisch. Lässt sich der Sitzplatz nicht an der richtigen Seite des Hauses platzieren, bleibt nichts anderes übrig, als in den Garten auszuweichen. Aber es gibt auch viele Gründe, freiwillig die Geborgenheit mitten im üppigsten Pflanzenleben zu suchen, mit einem erhebenden Rundblick durch Blüten und Blätter.

Hierfür kommen verschiedene Grundformen in Frage. Eine **Laube** ist ursprünglich ein bewachsener Durchgang aus einem seitlich offenen Grundgestell. Dazu verwendet man am besten geschälte, tiefdruckimprägnierte Rundhölzer. Eng damit verwandt ist die **Pergola** mit ihrem typischen Stützgerüst aus Kanthölzern. Mit Hilfe von mobilen Trennelementen lässt sich der Sitzplatz unter dem Blätterdach zusätzlich gegen Wind und Blicke der Nachbarn schützen.

Der **Pavillon** hebt sich von den oben genannten durch seine runde oder mehreckige Grundform und das feste Dach ab. Außerdem kann ein Pavillon völlig abgeschlossen sein, wenn es auch zahlreiche offene Bauweisen gibt, die sich manchmal ausschließlich aus Rankgittern zusammensetzen. Ein solches Ge-

Ein Gartenhäuschen, romantisch umgeben von blühenden Sommerblumen, passt ebenfalls gut in den Bauerngarten.

flecht kann aus schmalen Leisten bestehen. Dauerhafter ist freilich eine Konstruktion aus Schmiedeeisen, die außerdem einen mehr herrschaftlichen als gemütvollen Charakter verleiht. Sie kann für sich alleine wirken, wogegen die Holzkonstruktion in erster Linie als Stütze für schlingende Pflanzen dient.

Mein Rat

Häufig wird man den Sitzplatz um eine **Grillstelle** erweitern. Jedes Bedürfnis kann hier erfüllt werden – sofern es sich den äußeren Umständen anpassen lässt. Für den Grillplatz bieten sich ungefärbte Tonziegel oder Natursteine an.

Romantische Blütenfülle

Eine üppige Pflanzengemeinschaft, in der ständig etwas blüht, spricht den Betrachter in besonderer Weise an. Sie ist wichtiges Kennzeichen einer romantischen Gartengestaltung. Um ein entsprechendes Flair zu erzeugen, darf der Garten daher dicht bepflanzt sein. Damit man bei einer Neugestaltung möglichst früh ans Ziel gelangt, wird gerne auf schnellwüchsige Arten zurückgegriffen. Rasche Erfolge lassen sich natürlich mit einjährigen Arten erreichen.

Sehr wirkungsvoll sind in dieser Hinsicht auch Kletterpflanzen, die Baulichkeiten oder andere Pflanzen bald in ein üppiges grünes Kleid aus Laub und Blüten hüllen. Weil überhängende Gestalten ein besonders malerisches Bild abgeben, sollte man es öfters so einrichten, dass die Kletterpflanzen an einer

Kletterpflanzen bilden einen perfekten Übergang vom Haus zum üppig bewachsenen Garten.

Stütze emporwachsen können, um dann wieder elegant in unser Blickfeld zu hängen.
Mauern werden nicht nur durch Kletterpflanzen, sondern auch durch anspruchslose »Mauerblümchen« erschlossen. Gebirgsarten wie Hauswurz oder Steinbrech wachsen selbst in winzigen Spalten und bereichern somit auch unwirtliche, steinige Standorte mit ihrem natürlichen Charme.
In den unvermeidlichen Schattenbereichen, verursacht durch Gebäude oder hohe Bäume, haben Blattschönheiten ihren großen Auftritt; hier wären insbesondere Funkien und Farne zu nennen. Gemeinsam mit einigen hübschen Blütenstauden, die meist etwas zarter wirken, verleihen sie dem **Schattengarten** eine etwas verwunschene Atmosphäre.

Mein Rat

Klettergehölze sollen die Laube mit ihren Blüten verschönern oder mit ihren Blätter beschatten und gegen Einblicke schützen; ein dichter Bewuchs wirkt märchenhaft schön. Wilder Wein und Pfeifenwinde (*Aristolochia macrophylla*) sind wegen ihres üppigen Laubs zur Begrünung der gesamten Laube geeignet. Der Blauregen (*Wisteria*) lässt seine riesigen Blütenstände stimmungsvoll in den Innenraum hängen. In klimatisch begünstigten Lagen lässt sich sogar Echter Wein verwenden.

Einladende Eingangsbögen

Wer durch einen blütenumrankten Bogen in den Garten tritt, kann sich in dem Gefühl wiegen, wie ein König empfangen zu werden. Schon ein kleiner Torbogen wirkt einladend und vermittelt gleich zu Anfang etwas vom Charme des Gartens – und vielleicht auch seines Besitzers.

Die einfachsten Konstruktionen sind aus Holz und können sogar auf die Bogenform verzichten: Ein eckiges Gestell aus Holzlatten tut es genauso, wenn es nur schön bewachsen ist. Vor allem in neueren Bauerngärten werden gerne eiserne Gestelle oder gar schmiedeeiserne Bögen aufgestellt. Je wertvoller und haltbarer die Konstruktion ist, desto empfehlenswerter ist es, sie im Boden in einem Betonfundament zu verankern. Andernfalls reicht es auch, wenn man 40 bis 50 cm tief gräbt, an der tiefsten Stelle mit einigen Steinen verkeilt und nach dem Wiederauffüllen kräftig antritt.

Betörender Duft und bezaubernde Blüten

Als Rankpflanzen finden traditionell vor allem **Kletterrosen, Clematis** und **Geißblatt** Verwendung. Am besten im Oktober oder November, solange der Boden noch offen ist, werden die Kletterer neben dem Gerüst eingepflanzt, meist auf beiden Seiten je eine Pflanze.
Die großblütigen *Clematis*-Hybriden gibt es in kräftigem Blau, aber auch in Rosa und Weiß.

> **Mein Rat**
>
> Kletterrosen sind im Winter schutzbedürftig: Die Veredelungsstelle sollte man anhäufeln und die Triebe mit Fichtenreisig bedecken. Geschnitten werden vorrangig überaltete und tote Triebe, am besten erst nach dem Winter, wenn die Frostschäden deutlich erkennbar sind.

Sie wollen einen »bedeckten Fuß« haben, das heißt: Damit die Sonne nicht direkt auf den durchwurzelten Boden scheint, sollte er mit anderen Gewächsen oder zumindest mit einer Mulchschicht bedeckt sein.

Beim Geißblatt, auch als Heckenkirsche bekannt, ist vor allem der betörende Blütenduft mancher Arten hervorzuheben: *Lonicera caprifolium* (»Jelängerjelieber«), *L.* × *heckrottii* oder die leuchtend gelbe *L.* × *tellmanniana* wären an erster Stelle zu nennen. *Lonicera henryi* duftet weniger intensiv, ist aber dafür immergrün.

Klassischer Rosenbogen

Unübertroffener Klassiker eines romantisch überwachsenen Ein- oder Durchgangs ist der Rosenbogen. Die langen Triebe der Kletterrosen müssen dabei an den Gerüsten angebunden oder gezielt eingespreizt werden. Bei

Fast wie im Märchen! Der rosenumrankte Bogen führt allerdings nicht zur Prinzessin, sondern zu den Blütenschönheiten im Garten.

den so genannten Ramblern sind diese Haupttriebe dünner und elastischer, hängen dadurch stärker über und erreichen im Durchschnitt größere Höhen als die straff aufrechten Climber. Außerdem unterscheidet man einmal- und öfterblühende Sorten.
Die Blüten in vielerlei Rottönen, in Gelb oder in Weiß sitzen an kurzen Seitentrieben.

'Paul's Scarlet Climber' ist eine beliebte Sorte, die bis über 3 m hoch wird und im Juni mit blutroten Blüten übersät ist. 'Ilse Krohn Superior' zeigt zweimal im Jahr ihre edlen, reinweißen Blüten, während 'New Dawn' in zartem Rosa blüht und fast als durchblühend bezeichnet werden kann. 'Golden Showers' ist die beste Sorte mit gelben Blüten.

Zäune machen Gärten

Wie wir gehört haben, ist die Umgrenzung wesentlicher Bestandteil des Gartens im Allgemeinen und des Bauerngartens im Besonderen. Und da der Zaun den ersten optischen Eindruck des außen stehenden Betrachters prägt, lohnt es, sich über den richtigen Stil Gedanken zu machen.

Für alle Materialien gilt gleichermaßen, dass der Zaun eines Bauerngartens eher niedriger sein darf als sonst üblich. Er soll weniger abweisend wirken als vielmehr zu einem Blick darüber hinweg einladen. Seine Schutzfunktion ist heutzutage mehr symbolisch, und gegen Hühner und Enten genügen schon 50–80 cm Höhe. Lediglich wenn der Besuch von Rehen droht, sollte der Zaun deutlich über einen Meter hoch sein.

Billiger Drahtzaun

Das am häufigsten verwendete Material ist wohl Maschendraht. Er hat auch etliche Bauerngärten erobert, was wohl überall auf dieselben Gründe zurückzuführen ist: Ein Drahtzaun ist leicht zu transportieren und vor allem billig. Dazu noch Beton- oder gar einbetonierte Stahlpfosten – und fertig ist der Garten. Nachdem im Bauerngarten seit jeher Nützlichkeit und Einfachheit im Vordergrund stehen, dürfen wir diese Wahl niemandem verübeln. Und – oh Wunder! – in einem echten Bauerngarten strahlt sogar der nüchterne Maschendraht nach einiger Zeit einen schlichten Charme aus, wenn er nicht mehr ganz neu wirkt und Zaunrosen darüber wallen oder andere Blüten hindurchspitzen. Wollen wir allerdings diese Anmut von vornherein, dann tun wir gut daran, uns natürlicherer Materialien zu besinnen.

»Natürlich« Holz

Zu diesem Zweck bietet sich kein Material besser an als Holz. Ob senkrechte Latten, Rundhölzer, Flechtruten oder längliche Bretter – dieser Naturstoff lässt der Gestaltung viel Raum und passt am besten zum nostalgischen Konzept des Bauerngartens. Bei einem Lattenzaun dürfen die Befestigungspfosten sogar aus Beton sein. Alte Betonpfosten dienen dabei als Vorbild, denn sie sind oft mit kleinen Mustern geschmückt, die ihnen einen gewissen eigenen Reiz verleihen.

Mein Rat

Wer heute für viel Geld einen schmiedeeisernen Zaun nachgestalten lässt, sollte sich an die traditionellen Formen halten und nicht zu meist kurzlebigem Mode-Schnickschnack überreden lassen; das wirkt nach zehn Jahren überkommen und hat im stilechten Bauerngarten schon rein gar nichts zu suchen.

Zaun- und Torvariationen
Eine urige Türe (oben rechts) dient als stilvolle Begrüßung. Die Patina verleiht dem schmiedeeisernen Zaun (oben links) altehrwürdigen Charakter. Eine Konstruktion nach alpenländischem Vorbild (Mitte rechts) wirkt sehr individuell. Große Wirkung lässt sich mit Flechtzäunen erzielen, sei es in einfacher (oben Mitte) oder ausgefeilter Form (unten). Aber auch ein schlichter Staketenzaun (Mitte links) passt gut zum Bauerngarten.

Ortsübliche Traditionen geben den Maßstab

Dasselbe Prinzip, das heute zum Maschendraht verführen kann, galt schon im traditionellen Bauerngarten: Man nahm nämlich das Material, das sich am leichtesten beschaffen ließ. Bevorzugt in Norddeutschland findet man deshalb manchmal **Trockenmauern** als Begrenzung, die auf der Krone bewachsen sind. Solche etwa 80 cm hohen Mäuerchen werden in der Regel aus Natursteinen gebaut, die in der Umgebung anzutreffen sind. Ein niedriger Mauersockel kann auch mit einem darauf stehenden Holzzaun kombiniert werden.

In den meisten anderen Regionen jedoch werden Mauern für einen Bauerngarten als Stilbruch betrachtet. Entscheidend ist, ob diese Art der Begrenzung jeweils der regionalen Tradition entspricht und ortsüblich ist. Aufgrund der häufigen starken Winde in Norddeutschland findet man dort nicht nur Mauern, sondern auch häufiger dichte Hecken rund um den Bauerngarten, während dies im süddeutschen Raum kaum üblich ist. Hecken können daher zweckmäßig sein, auch im Hinblick auf Sichtschutz. Für Betrachter von außen wäre das allerdings schade.

Besonders edel wirken zweifelsohne Umgrenzungen aus Schmiedeeisen. Solch alte, meist handgearbeitete Installationen lassen den Betrachter erahnen, welchen Wert der Besitzer seinem Garten beimaß. Gepflegte Schmiedeeisen-Zäune wirken lebendig, und selbst wenn sie vernachlässigt wurden, bezaubern sie noch durch ihre Patina.

Mein Rat

Pfosten bekommt man heute meist tiefdruckimprägniert, was ein relativ umweltschonender, dabei aber wirkungsvoller Schutz ist. Zusätzlich oder stattdessen kann man sich eine altbekannte Technik zunutze machen: Man brennt die in den Boden eindringende Spitze mit einer Fackel an, denn die dabei entstehende Rußschicht bildet eine kaum durchdringbare Desinfektionshülle.

Zaunvielfalt dank Fantasie und handwerklichem Geschick

Die ältesten überlieferten Gartenzäune waren aus dünnen Ruten, meist von Weiden, geflochten. Dabei unterscheidet man zwei Formen: die waagrechte, bei der die Ruten um Holzpfosten mit etwa einem Meter Abstand geflochten werden, und die senkrechte, die als Gerüst für die Flechtruten längere Querlatten benötigt. Heute sieht man solche Zäune nur noch selten, weil die für die Herstellung notwendigen Techniken kaum noch verbreitet sind. Wer es beherrscht, kann freilich stolz sein auf eine solide Konstruktion, die ohne Nägel, Schrauben und andere zivilisatorische Hilfsmittel auskommt.

Schlicht und einfach aufzubauen sind **Staketen-** oder **Lattenzäune**; die halbrunden und oben zugespitzten Staketen wirken dabei etwas lebendiger. Sie werden mit etwa 3 bis

4 cm Abstand auf die beiden Querlatten genagelt. Deren Abstand voneinander sollte ungefähr die Hälfte der Zaunhöhe betragen.

Originell oder nicht?
Die so genannten **Jägerzäune** mit den diagonal gekreuzten Staketen, die man bequem zusammengeklappt im Baumarkt erstehen kann, sind für Stilpuristen ein rotes Tuch. Ihr rustikaler Eindruck wirkt etwas gewollt und aufdringlich. Mit der Schlichtheit und Natürlichkeit des Bauerngartens hat das nicht mehr viel zu tun.

Origineller sind da Zäune aus zwei oder drei übereinander befestigten **Längsbrettern**, wie sie ohne Schälen im Sägewerk anfallen – nicht zuletzt, weil sich dabei die unregelmäßige Form des Baumstamms abzeichnet. Noch mehr Natürlichkeit verbreiten die so genannten Schwartlinge, deren abgerundete Außenseite noch die Rinde trägt. Diese Seite wird auch am Gartenzaun nach außen gekehrt.

Voraussetzung für solche Zäune ist allerdings, dass man auf einen dichten Abschluss des Grundstücks, zum Beispiel gegen Wild oder Hühner, verzichten kann.

Pfosten – stabil und fäulnisgeschützt
Bestehen die Pfosten, an denen die Querlatten befestigt werden sollen, aus Holz, sollten sie mindestens 40 cm tief im Boden versenkt werden. Bei schwergewichtigen Konstruktionen empfiehlt sich dafür sogar ein Betonfundament. Außerdem müssen die Holzteile mit Bodenkontakt dauerhaft gegen Fäulnis geschützt werden – im Gegensatz zu den frei aufgehängten Holzteilen, für die nicht einmal ein Anstrich unbedingt erforderlich ist. Fichtenholz zum Beispiel nimmt ohne einen Anstrich mit der Zeit eine silbergraue Färbung an, die manchmal erwünscht ist.

Für Zaunpfosten dieses Kalibers ist ein stabiles Fundament unverzichtbar.

Wege formen das Bild

Im Bauerngarten wird das scheinbare Durcheinander von Gemüse, Blumen und Kräutern durch ein streng geometrisches, meist sogar symmetrisches Wegesystem zusammengehalten. Die gewöhnlich geraden Wege verbinden die Gartenteile nach funktionellen Maßgaben und bringen Ordnung in das Ganze, geben ihm sowohl optisch als auch organisatorisch Halt und Stabilität.
Der einfachste Fall ist das Wegekreuz, alle anderen Wegesysteme sind von diesem abgeleitet oder greifen das Motiv auf.

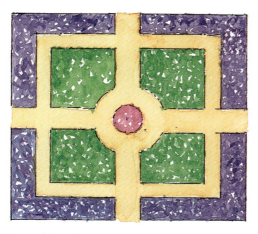

Kennzeichen des Bauerngartens sind symmetrische Weganlagen, häufig mit zentralem Rondell. Die Nebenwege können parallel verlaufen, rund oder oval oder die äußere Form wiederholen.

Ein Hauptweg und viele Abgänge

Das einfachste System in dem normalerweise rechteckigen Bauerngarten besteht aus einem befestigten Hauptweg durch die Mitte und jeweils im Abstand einer Beetbreite davon abzweigenden Pfaden. Dieser Hauptweg darf 60 bis sogar 120 cm breit sein, damit man dort ohne Behinderung mit Schubkarren und anderem Werkzeug hantieren kann.
Eine geringfügige Abweichung hiervon ist oft bei etwas größeren Gärten anzutreffen. Dort wird die beschriebene Form von einem Wegerechteck eingerahmt, das etwa um Beetbreite versetzt parallel innerhalb des Zauns verläuft. Solche Wege zweiter Ordnung sollten mindestens 40 bis 50 cm breit sein. Bei dieser recht häufigen Variante liegt innerhalb des Wegerechtecks meist der Nutzgarten mit den einjährigen Pflanzen – ebenso Blumen –, während außerhalb, also zum Zaun hin, die ausdauernden Stauden und vereinzelte Gehölze stehen. Dieses System hat den Vorteil, dass bei Bedarf im Herbst der gesamte innere Bereich umgegraben werden kann.

Für die **Beetbreite** haben sich bei uns **1,20 m** eingebürgert. Das Maß dafür ist die menschliche Reichweite. Wer sich schwer tut, bei dieser Breite in der Mitte zu arbeiten, der kann die Beete auf sein individuelles Maß zurechtstutzen. Die Pfade zwischen den Beeten müssen lediglich einen sicheren Tritt gewährleisten und können 20 bis 30 cm schmal sein. Auf diesen Pfaden werden gerne Bretter, Holzroste oder schlanke Betonplatten ausgelegt.

Rindenmulch ist ein Belag, der Unkräuter unterdrückt, nach Wald duftet und mit seinem natürlichen Charakter gut zu Buchsbordüren und dem Bauerngarten passt.

Leitbild des Bauerngartens: das Wegekreuz

Nach dem Vorbild der Kreuzgänge haben die Mönche das Wegekreuz in den Klostergärten eingeführt. Zwei sich in der Mitte rechtwinklig kreuzende Hauptwege mit davon abgehenden Pfaden oder Nebenwegen werden oft als typisch für den Bauerngarten angesehen. Erst recht dann, wenn sich im Zentrum des Kreuzes ein Rondell befindet.

Das **Rondell** kann Standort eines Brunnens, einer Plastik (zum Beispiel eine Sonnenuhr) oder sogar des Hausbaums sein. Da dieser für den Nutzgarten zu viel Schatten wirft, sollte Letzteres allerdings die Ausnahme bleiben.

Offener Boden (links) ist die ursprünglichste Form eines Gartenweges. Durch Überdecken mit Holzrosten (Mitte) ist der Weg auch nach Niederschlägen gut begehbar. Aber auch ein Pflaster aus Natursteinen (rechts) wirkt passend.

Am häufigsten finden wir im Zentrum einen schönen Rosenstock, vielfach in Form eines Hochstämmchens, im Idealfall mit Lavendel oder einem anderen passenden Begleiter unterpflanzt. Optisch passt dann noch eine blinkende Bauerngartenkugel dazu. Auch Madonnenlilien werden gerne für einen solch exponierten Platz benutzt. In jedem Fall sollte es eine Pflanzenart sein, die die Symbolik des Wegkreuzes, nämlich die Überwindung des Todes, sinnfällig weiterführt.
Selbstverständlich gibt es noch weit mehr Möglichkeiten, die Wege anzuordnen. So können die Hauptwege im Verhältnis zur Umzäunung rautenförmig angelegt werden, oder der äußere Rahmenweg kann – je nach Form der Grundfläche – rund oder sogar oval sein. Zur Gestaltung bleiben viele individuelle Freiheiten. Wichtig ist nur, dass man ein relativ strenges geometrisches System wählt.

Hauptsache nicht versiegelt

In einem Bauerngarten sollten die Wegeflächen nicht versiegelt werden, sondern offen bleiben. Es gibt selbst für verwöhnte Städter noch andere Möglichkeiten, auch bei ungünstiger Witterung trockenen Fußes durch den

Mein Rat

Die durch ein Wegekreuz erfolgte Vierteilung der Fläche bringt einen weiteren praktischen Vorteil mit sich: Die vier Beete eignen sich hervorragend, um eine geregelte Fruchtfolge einzuhalten. Starkzehrer, Mittelzehrer, Schwachzehrer und standorttreue Kulturen kann man auf diese Weise übersichtlich auseinander halten.

STILELEMENTE DES BAUERNGARTENS

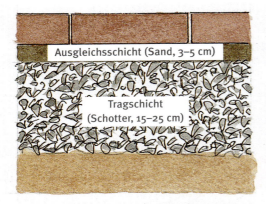

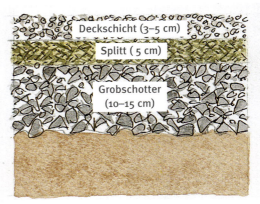

Ein mit Platten befestigter Weg (oben links) verlangt eine kräftige Trag- und eine Ausgleichsschicht. Aber auch Rindenmulch (links) und Kies (oben) brauchen einen soliden Unterbau.

Garten zu kommen, als Verbundsteine, Betonplatten oder gar Asphalt. Luft- und wasserdurchlässige Beläge schaffen ein naturgemäßes und angenehmes Kleinklima. Versiegelte Flächen haben keinerlei Tradition im Bauerngarten. Vor allem aber fügen sich offene Beläge visuell wesentlich besser in die gemütvolle Umgebung als eine kahle Steinfläche.

Offener Boden

Die einfachste Möglichkeit ist ein völlig offener Boden. In vielen Bauerngärten ist es die Regel, dass die Wege zusammen mit der gesamten Nutzfläche jeden Herbst umgegraben und im Frühjahr wieder neu angelegt und festgetrampelt werden. Das Unkraut lässt sich hier einfach abharken, und notfalls kann man das Ganze mit Brettern oder Holzrosten abdecken. Solche Roste oder Trittplatten gibt es mittlerweile auch aus Recycling-Kunststoff, was bedeutet, dass sie im Gegensatz zu den herkömmlichen Holzgestellen absolut witterungsbeständig sind.

Ordentlicher Kies

Natürlich und doch sehr ordentlich sieht ein Weg mit feinem Kies aus, der auch gut zu Buchsbordüren passt. Durch die mindestens 3 bis 5 cm dicke Schicht muss man regelmäßig mit dem Rechen gehen, um kahle Stellen und Anhäufungen auszugleichen. Unkraut, das sich immer wieder ansiedelt, kann relativ einfach ausgestochen werden.
Wenn es sich anbietet, kann man auch zu

etwas größeren Flusskieseln greifen. Zu groß und rund sollten sie allerdings nicht sein, weil sonst das Begehen zu einem Eiertanz wird. In nördlicheren Regionen Deutschlands steht häufig grober Sand recht günstig zur Verfügung. Auch er muss gelegentlich gerecht werden. Das Entfernen unerwünschter Wildkräuter macht hier normalerweise wenig Mühe.

Duftende Rindenschnitzel

Für naturnahe Gärten hat sich seit geraumer Zeit Rindenmulch bewährt. Und auch im Bauerngarten macht er eine gute Figur. Das zerkleinerte, aber nicht verrottete Rindenmaterial hat eine angenehme natürliche Struktur und verbreitet einen herrlichen Waldduft. Zusätzlich erschweren die unzersetzten Gerbstoffe die Ansiedlung von Unkräutern. Am stabilsten wird ein solcher Weg, wenn man ihn mit einer Kiesschicht unterlegt. Einziger Wermutstropfen: In manchen Fällen fühlen sich Werren (Maulwurfsgrillen) unter dieser Schicht recht wohl.

Historischer Vorgänger des relativ neu entwickelten Rindenmulchs war die Gerberlohe aus Eichenrinde. Sie fiel früher bei den Gerbereien als Abfall an und bewies in zerkleinerter Form die gleichen guten Eigenschaften.

Gepflasterter Weg

Die in Frage kommenden naturnahen Materialien für einen befestigten Weg werden in der Regel mit einer 10 bis 20 cm starken Schotterschicht unterlegt, was die Konstruktion stabilisiert und vor allem den Wasserabfluss sichert. Dies gilt grundsätzlich auch für Beläge mit Rindenhäcksel, Sand oder feinem Kies.

Hauptsächlich für große und repräsentative Gärten eignet sich ein **Pflaster-** oder **Natursteinbelag**. Hiervon gibt es in entsprechenden Fachbetrieben zwar eine Auswahl an verschiedenen Farbschattierungen. Bevorzugt aber sollte man sich an ortsübliche Natursteine halten, die den traditionellen Belägen nahe kommen und zudem in der Regel preislich am günstigsten sind.

Damit sie stabil lagern, müssen die Natursteine in eine Sandschicht gelegt und möglichst eng aneinander gefugt werden. Die verbleibenden Lücken sind gut mit Sand einzuschlämmen.

Eine preisgünstige Möglichkeit der **Wegbefestigung** lässt sich mit Tonziegeln umsetzen. Häufig wird sich dieses Material im Bauerngarten wohl dann anbieten, wenn es beim Bauen übrig bleibt. Die warme, unauffällige Erdfarbe fügt sich gut in jede Umgebung ein.

Wenn man es perfekt machen will, werden auch die Ziegel mit einer Sandschicht unterlegt. Man kann sie auf die schmale oder auf die breite Seite legen, sodass die Poren nach oben schauen. Zweiteres sieht nach kurzem gefälliger aus, weil sich in den Ritzen Moos und anderes Grün ansiedelt. Allerdings kann dieser Mechanismus auch bald zu einer Quelle des Unmuts werden, weil man tief wurzelnde Wildkräuter wie beispielsweise Löwenzahn nicht mehr aus den Fugen herausbekommt.

Einfassungen – am besten lebendig

Einfassungen bringen Ruhe und Ordnung in das üppig wuchernde »Durcheinander« des Bauerngartens. Im einfachsten Fall sind es tote Materialien, die verhindern, dass der Humus auf die Wege abgeschwemmt oder der Kies in die Beete gestoßen wird, dass sich anspruchslose Kulturpflanzen auf den Weg ausbreiten oder benachbarte Wildpflanzen zwischen das Gemüse zwängen.

Vor allem als Begrenzung von Kieswegen fügen sich Natursteine sehr gut ins Bild, seien es kantige Bruchsteine oder runde Kiesel. Bei einem instabilem Untergrund wäre zu überlegen, ob man diese größeren Steine in ein Sandbett oder gar in eine Betonschicht verlegt.

Beton selbst, in Form der früher häufig verwendeten **Kantensteine**, ist zwar ein praktisches Material, an das sich unser Auge mittlerweile gewöhnt hat und das nach der Einwachsphase kaum mehr auffällt. Trotzdem wird es im Bauerngarten stilistisch nie ganz zu Hause sein. Noch mehr gilt dies für Bordüren aus gewelltem Plastik – daran ändert auch der grüne Anstrich nichts, selbst wenn der Preis dafür spricht. Gleiches trifft auf Drahtgeflechte zu, wie sie häufig in Gartencentern angeboten werden.

Der Klinkerweg wird zuerst durch Natursteine und im Beet durch Tagetes eingefasst.

Eine ebenso billige wie einfache Lösung bilden hochkant gesteckte **Bretter**. Freilich sind sie im feuchten Boden nicht unendlich haltbar. Eine längere Lebensdauer kann man von Balken oder Rundhölzern erwarten. Diese werden auch mit einer Tiefdruckimprägnierung angeboten. Holz-Einfassungen harmonieren besonders gut mit einem Wegebelag aus Rindenmulch.

Blühende oder duftende Bordüren

Am besten zum beseelten Charakter des Bauerngartens passen freilich lebendige Beeteinfassungen. Polsterpflanzen wie Teppichphlox, Steinkraut, Blaukissen oder auch Thymian sind attraktive Blüher für diesen Zweck. Ein anderes Duftkraut, der Lavendel, wird nicht nur gerne zu den Rosen gesellt, sondern ebenso als Randpflanze verwendet. Auch einige der so genannten Zweijährigen haben eine Tradition als Beeteinfassung. Vergissmeinnicht, Stiefmütterchen (»Tag-und-Nachtschatten«) und Maßliebchen sind einfach anzuziehen und blühen fleißig vom Frühjahr bis weit in den Sommer. Allerdings müssen sie eben auch alljährlich neu ausgesät und vorkultiviert werden (siehe Seite 82).

Buchs – »der« Beetrand im Bauerngarten

Obwohl Buchs keine Gnade vor den Augen Karls des Großen (und deshalb auch keinen Eingang ins *Capitulare de Villis*) fand, wird er

Hochgestellte Dachziegel verhindern, dass der Mulch vom Weg ins Beet gelangt.

nachweislich schon seit Jahrtausenden im Garten verwendet. Dies hat sicher auch mit der Symbolkraft zu tun, die er wie alle immergrünen Pflanzen genießt.
Auch wenn Buchs als typische Bauerngartenpflanze gehandelt wird, sollte er doch nicht gewaltsam in jeden kleinen Garten gezwängt

Mein Rat

Anfangs wächst Buchs relativ langsam. Wer rasch zu einer dichten Einfassung kommen möchte, kann ihn in zwei Reihen jeweils auf Lücke versetzt pflanzen. Geschnitten wird schon ab dem zweiten Jahr, am besten im späten Frühling.

Die klassische Beeteinfassung: eine niedrige Hecke aus kleinwüchsigem Buchs 'Suffruticosa'.

werden. In zu engen Beeten kann sein flächiges Grün nämlich die eigentlichen Kulturen optisch erdrücken. Für niedrige Einfassungshecken verwendet man die Sorte 'Suffruticosa', die selbst dann nicht höher als einen Meter wächst, wenn man sie nicht regelmäßig trimmt. Sie wird am besten im März/April gepflanzt, auf jedem Standort, wenn er nur nicht staunass oder zu trocken ist.

Buchs kann man einfach selbst vermehren, indem man im August/September leicht verholzte Triebe schneidet, in durchlässiges Substrat steckt und etwas geschützt überwintert. Im Handel werden bewurzelte Stecklinge manchmal in Bündeln angeboten. Zur Pflanzung sollte man die Triebe auf die Hälfte einkürzen, alle verletzten Wurzeln entfernen und die verbliebenen für 12 bis 24 Stunden in Wasser stellen. Dann kann in ausreichend große Gruben gepflanzt werden.

Blühende Polsterpflanzen und Kräuter sind ideale Beeteinfassungen und Wegbegleiter, die gut zum Charakter eines Bauerngartens passen.

Die Wasserstelle

Während der Gummischlauch optisch eher störend wirkt, gehört ein **Wassertrog** zu den typischen Ansichten eines Bauerngartens.
Ein Standort beim Haus, wo sich das abfließende Regenwasser einleiten lässt, wäre aus ökologischer Sicht am vorteilhaftesten. Aus organisatorischen Gründen hingegen wird man oft einen zentralen Platz wählen, um mit der Gießkanne kurze Wege zu haben. Gestalterische Gesichtspunkte können die symbolische »Quelle des Lebens« sowohl in den Mittelpunkt des Wegekreuzes als auch in eine malerische Ecke am Zaun platzieren.
Der Trog kann ein gemauertes Becken, ein Fass aus Kunststoff oder (stilvoller) aus Holz sein oder aus Betonringen bestehen. Wer dort einen Wasserhahn möchte, verlegt die Zuleitung in frostsicherer Tiefe von 30 bis 40 cm. Im Behälter mischt sich dann abgestandenes Leitungswasser mit Regenwasser.

Eher untypisch für den Bauerngarten ist – im Gegensatz zum Brunnen – ein **Teich** oder ein **Bachlauf**. Diese Elemente passen eher zu einem Naturgarten. Allerdings: Wenn jemand unbedingt auf seinem »Privatgewässer« besteht, ist dem individuellen Wunsch natürlich Vorrang gegenüber dem Diktat des puren Stils einzuräumen.

Auf einen Blick

- Optimal ist eine Lage an der Sonnenseite des Hauses.
- Wenn man sich auf einige wesentliche Elemente beschränkt, kommt ein Bauerngarten mit wenigen Quadratmetern aus.
- Geometrisch angelegte Wege strukturieren die Fläche, zum Beispiel ein Wegekreuz mit zentralem Rondell.
- Als Beeteinfassung setzt man bevorzugt Pflanzenbordüren ein, klassischerweise mit Buchs.
- Die Umzäunung prägt das Bild des Gartens entscheidend mit.
- In den meisten Fällen sind naturnahe Materialien zu bevorzugen.
- Ein Wassertrog passt sowohl funktionell als auch gestalterisch ins Bild.
- Begrünte oder überdachte Sitzplätze laden zum romantischen Verweilen ein.
- Ein umrankter Ein- oder Durchgang sorgt für eine stimmungsvolle Begrüßung der Besucher.

Ein alter Wassertrog ist nicht nur praktisch für die Bewässerung, sondern mit seiner spiegelnden Oberfläche auch noch stimmungsvoller Blickfang.

Gehölze bilden den Rahmen

Bäume und Sträucher überragen fast alle übrigen Pflanzen und geben dem Garten aufgrund ihrer Langlebigkeit auch Struktur. Selbst im Winter prägen sie mit ihren verholzten Gerüsten oder immergrünem Laub das Bild des Bauerngartens.

- **Sträucher schaffen Gartenräume** 48
  Traumkulissen und Blütenwunder
- **Formschnittgehölze** 52
  Anlehnung an alte Traditionen
- **Der Hausbaum** 54
  Platz ist im kleinsten Garten
- **Die Obstwiese als Lebensraum** 58
  Ein Stück alter Kulturlandschaft

Sträucher schaffen Gartenräume

Weil die großen Obstbäume im »echten« Bauerngarten eigentlich keinen Platz haben, kommt Ziergehölzen bei der Strukturierung des Raumes umso wichtigere Bedeutung zu. Im Durchschnittsgarten finden wir Sträucher vor allem an den Rändern, sprich: als Hecke. Hecken jedoch waren im traditionellen Bauerngarten lediglich in den windoffenen Lagen Norddeutschlands üblich; in Regionen wo der Wind keine so große Rolle spielte, begnügten sich die Bäuerinnen mit einzelnen Schmuckstücken.

Bühne frei für die Stars

Mit dem ländlichen Raum untrennbar verbunden ist der **Holunder.** Nahezu an jeder Scheunenwand finden wir ein Exemplar, das sich meist von selbst dort angesiedelt hat. Natürlich können wir ihn aber auch gezielt in den Garten pflanzen – seine vielseitige Nutzbarkeit rechtfertigt das allemal. Nicht nur dass er die Vögel ernährt: Aus seinen Blüten lässt sich ein Erkältungstee ebenso zubereiten wie ein schmackhafter »Sekt« und – eine Lieblingsspeise vieler Kinder – die in Teig herausgebackenen Hollerküchlein. Die vitaminreichen Beeren kann man zu einem säuerlichen Saft oder süßem Kompott verarbeiten. Aus dem Holz mit dem weichen Mark lernen die Kinder, Pfeifchen zu basteln. Und früher verwendete man sogar Wurzel und Rinde zu Heilzwecken – genug, um zu verstehen, warum nach einer alten Volksweisheit der Bauer vor jedem Holunder den Hut abnehmen sollte.

Holundersträucher pflanzt man am besten in eine nördliche Ecke des Gartens, wo sie nicht viel beschatten können. Das gilt auch für andere groß werdende Sträucher wie zum Beispiel die **Haselnuss** und **Flieder.** Letztgenannter ist ein Paradebeispiel für ein fremdländisches Gehölz, das sich dank seiner Robustheit und der auffälligen, duftenden Blüten einen festen Platz im traditionellen Bauerngarten erobert hat. Auch der **Pfeifenstrauch** oder **Falsche Jasmin** *(Philadelphus coronarius)* gehört zu diesen beliebten Zuwanderern. Ebenso braucht niemand ein schlechtes Gewissen zu haben, wenn er im Frühling nicht auf das unvergleichlich leuchtende Gelb der **Forsythie** verzichten will,

Ein fremdländisches Gehölz, das sich längst einen festen Gartenplatz erobert hat: der Flieder.

Sträucher schaffen Gartenräume 49

Die Hortensie ist ein kleineres Blütengehölz, dessen Charme in letzter Zeit wieder entdeckt wurde.

nur weil sie bei Naturgarten-Puristen als abschreckendes Beispiel gehandelt wird. Natürlich entfalten auch kleinere Sträucher ihre Wirkung, sofern sie wie die **Hortensie** (Hydrangea macrophylla, H. paniculata) mit ihren kugel- oder tellerförmigen Blütenrispen über den Gartenzaun spitzen. Für Rosenliebhaber bieten sich **Wild-** und **Strauchrosen** oder die feingliedrigen Wildformen, wie Heckenrose, Zaunrose, Apfelrose oder Bibernellrose an, die einerseits mit ihrem Duft oder der lange anhaltenden Blüte betören, andererseits attraktive und vitaminreiche Hagebutten liefern (siehe Seite 62).

Hecken – wild oder kultiviert?

Hecken schützen nicht nur vor Wind, sondern erfüllen mehrere wichtige Aufgaben, sodass sie für den nachgeahmten Bauerngarten durchaus in Frage kommen: Angesichts unserer engen Bebauung kann der Sichtschutz ein Bedürfnis sein, während im großen städtischen Garten insbesondere die ökologische Funktion einer Wildhecke von hohem Wert ist. **Wildhecken** nehmen im Vergleich zu Schnitthecken viel Platz ein. Dafür bieten die Sträucher, die ungestüm wachsen dürfen, Insekten, Vögeln und Igeln einen geschützten Wohnraum, in vielen Fällen sogar auch gleich die Nahrung in Form von Nektar oder Früchten. Wer wenig Platz hat, aber dieses Element nicht missen will, kann entlang des nördlichen Zaunviertels eine kleine Mischpflanzung anlegen, zum Beispiel mit Schneeball, Kornelkirsche, Faulbaum, Weißdorn, Pfaffenhütchen, Blut- oder Alpenjohannisbeere sowie verschiedenen Wildrosen.

Schnitthecken bilden nicht nur den grünen Rahmen, sondern auch einen ruhigen Hintergrund für die üppige Pflanzenvielfalt.

Ziergehölze für den Bauerngarten

Deutscher Name	Botan. Name	Höhe (m)	Blüte[1]	Form-schnitt	Immer-grün	Bemerkung
Feldahorn	Acer campestre	2–6	*	+	–	robust, einheimisch, auch baumartig
Buchs	Buxus sempervirens	0,5–6	*	+	+	typisch im Bauerngarten, 'Suffruticosa' ist kleinwüchsig
Hainbuche	Carpinus betulus	2–6	*	+	+	Heckenpflanze, auch baumförmig
Weißdorn	Crataegus monogyna	2–6	5–6 weiß	–	–	wärmeliebend, dornig, wichtig für Vögel und Insekten
Kornelkirsche	Cornus mas	3–6	3–4 goldgelb	–	–	anspruchslos, rote Früchte, Vogel- und Insektennahrung
Hartriegel	Cornus sanguinea	2–4	*	–	–	robust, rötliche Triebe, Vogelschutz und -nahrung
Haselnuss	Corylus avellana	3–5	2–3 Kätzchen	–	–	keine Staunässe; im Herbst Früchte
Pfaffenhütchen	Euonymus europaeus	3–5	(8–9) rosa Früchte	–	–	robust, kalkliebend, Vogelschutz, giftig
Forsythie	Forsythia × intermedia	2–3	4 gelb	–	–	robust, reichblühend
Hortensie	Hydrangea macrophylla, H. paniculata	2	6/8 rot/weiß	–	–	wirkungsvolle Blüten, Rückschnitt sinnvoll
Goldregen	Laburnum-Arten	5–7	5 gelb	–	–	warm, anspruchslos; zur Einzelstellung, giftig
Liguster	Ligustrum-Arten	2–5	5–7 weißlich	+	+	anspruchslose Heckenpflanze, Beeren giftig
Pfeifenstrauch, Falscher Jasmin	Philadelphus coronarius	3–4	5–6 weiß	–	–	Blüten duftend, anspruchslos, für Wildhecken und Einzelstand
Fichte	Picea abies	2–6	*	+	+	für Hecken, neigt zum Verkahlen von unten
Faulbaum	Rhamnus frangula	2–4	*	–	–	auch für saure Moorböden, schwarzrote Früchte
Alpenjohannisbeere	Ribes sanguineum	2–3	4–5 rot	–	–	unempfindlich, gut neben Forsythie, Vogelnahrung

Deutscher Name	Botan. Name	Höhe (m)	Blüte[1]	Form-schnitt	Immer-grün	Bemerkung
Holunder	Sambucus nigra	3–6	6–7 weiß	–	–	sehr anspruchslos, vielseitig nutzbar, Vogelnahrung
Flieder	Syringa vulgaris	3–6	5 weiß/rot	–	–	duftende Blüten, Wildform wuchert
Eibe	Taxus baccata	1–3	*	+	+	verschiedene Wuchsformen, Nadelgehölz, giftig
Schneeball	Viburnum-Arten	2–4	5–6 weiß	–	–	verschiedene attraktive Arten, teils duftend; Früchte teils giftig, Vogelschutz

Blüte[1] = Blütezeit in Monaten, * = unscheinbar

Eine einheitliche **Schnitthecke** verursacht mehr Arbeitsaufwand, ist aber dafür dichter und bildet einen ruhigen Hintergrund, vor dem die üppige Blumenpracht gut wirken kann. Vor allem immergrüne Hainbuchen, Buchs und Liguster eignen sich für diesen Zweck, ebenso Hartriegel und Feldahorn. Nadelgehölze sind in der Regel im Bauerngarten eher unerwünscht. Die ziemlich lebensfeindliche Thujenhecke zum Beispiel hatte hier noch nie einen festen Platz. Ausnahmen: Die dunkelgrüne, giftige Eibe, die in nördlicheren Regionen Anklang findet, während die Rotfichte vor allem im Gebiet des Voralpenraums zu Hause ist.

Der Sadebaum *(Juniperus sabina),* ein enger Verwandter des Wacholders, kann zwar im südlichen deutschsprachigen Raum auf eine reiche Tradition verweisen. Das immergrüne, kriechende Gehölz ist aber nicht nur aus der Mode gekommen, weil es stinkt und weniger als heilwirksam denn als giftig angesehen wird: Vom Sadebaum wird allenthalben abgeraten, weil er der Zwischenwirt des Birnengitterrostes ist – einer an sich harmlosen Pilzkrankheit, die orangefarbene Flecken und Pusteln an den Blättern verursacht, sich aber erschreckend verbreitet hat.

Mein Rat

Eiben sind ideal für niedrige Formhecken geeignet. Man kann auch schwachwüchsige Kletterpflanzen wie klein bleibende Clematis durch sie hindurchklettern lassen. Allerdings sind die in den roten Eibefrüchten enthaltenen Samen hochgiftig und dürfen auf keinen Fall verschluckt werden.

Formschnittgehölze

Gehölze, die durch Schnitt zu geometrischen Figuren oder Fantasieformen geschnitten sind, erfreuen sich derzeit großer Beliebtheit. Allerdings blicken diese Techniken auch auf eine lange Tradition zurück. Systematisch wurden sie in den feudalen Barockgärten und in den Klöstern eingesetzt, um die strengen Anlagen zu gestalten. Im Bauerngarten waren sie wohl ursprünglich nicht heimisch. Aber vor allem mit dem Vordringen des Buchses wurde der Formschnitt auch hier eingesetzt.

Streng geschnittene Einfassungshecken, kugelförmige Hochstämmchen als Wegbegleiter und Kegel an der Beetecke oder im Zentrum eines Rondells sind seither auch im modernen Bauerngarten ein stilgerechter Anblick. Solche Figuren kennzeichnen Achsen und markante Punkte, setzen individuelle Akzente und tragen so wesentlich zur Raumbildung bei. Selbst auf engstem Raum oder in schattigen Lagen können die grünen Skulpturen für Belebung sorgen.

Aufgrund ihrer Historie eigentlich in Barock- und Klostergärten heimisch, passen Formschnittgehölze (hier die Eibe) auch gut in symmetrisch gestaltete Bauerngärten.

Selber formen macht Spaß

Am besten eignen sich vorwiegend immergrüne Gehölze, die nach dem Schnitt aus vielen Knospen wieder rasch austreiben. Neben **Buchs** werden häufig **Eibe** sowie **Scheinzypressen-** und **Thuja**-Sorten verwendet, aber auch **Efeu, Liguster, Spindelstrauch** *(Euonymus fortunei)*, **Berberitze** *(Berberis thunbergii)*, **Feuerdorn** *(Pyracantha coccinea)*, **Kirschlorbeer** *(Prunus laurocerasus)* sowie – speziell im Bauerngarten – die **Eberraute** *(Artemisia abrotanum)*.

Die echte **Lorbeere** ist bei uns nicht frostbeständig und gedeiht nur im Kübel. Der Handel hat noch weitere Arten im Angebot. Natürlich sind fertig geformte Figuren wesentlich teurer, als wenn man sie sich selbst heranzieht. Um bestimmte Skulpturen zu formen, verwendet man in der Regel ein Rankgerüst aus Draht. Auch dies kann nach eigenen Vorstellungen zurechtgebogen oder aber vorgeformt im Fachhandel bezogen werden. Mit zusätzlichem Bindedraht oder Jutebändern befestigt man daran wie gewünscht die Triebe. Auch Bambusstäbe können als Stützen dienen. Zum Trimmen geometrischer Formen empfiehlt es sich, Schablonen anzufertigen. Wenn man zwei- bis dreimal jährlich daran entlangschneidet, wachsen die Triebe dicht und buschig. Großlaubige Pflanzen darf man nicht mit der Heckenschere schneiden, weil an den durchschnittenen Blättern braune Ränder erscheinen. Hier sollten die Triebe besser einzeln mit der Gartenschere ausgeschnitten werden.

> ## Mein Rat
>
> Im Winter ist darauf zu achten, dass die immergrünen Gehölze nicht vertrocknen oder erfrieren. Daher ist bei frostfreier Witterung gelegentlich zu wässern und in gefährdeten Lagen zudem eine schützende Abdeckung sinnvoll.

Formschnitt lässt viel Spielraum für eigene Kreationen.

Der Hausbaum

Traditionelle Bauernhäuser stehen nie allein und nackt in der Gegend, sondern sind durch Gehölze an die Umgebung angeschlossen. Allerdings verbrauchen Bäume viel Platz und Licht und wurden deshalb meistens in Obstwiesen bzw. -alleen oder Haine ausquartiert. Manch prächtige Einzelstücke müssen mit ihrer Symbolkraft sogar für die ganze Siedlung herhalten: Die Dorflinde ist hierfür ein viel zitiertes Beispiel.

In geeigneten Fällen aber lässt man das eigene Wohnhaus von einem hohen Baum überragen, der als Sinnbild der Lebenskraft die Einwohner beschützen und leiten soll. Der Schutz hat häufig sogar mehr als symbolischen Charakter: Vor allem in Norddeutschland erfüllen die grünen Hünen auf den ebenen Flächen auch die Funktion des Windschutzes.

Nach dem traditionellen Vorbild steht der Hausbaum nicht im umzäunten Bauerngarten, sondern mitten im Hof oder vor der Eingangstüre. Denn die wärmebedürftigen Gartenkulturen sollen ja nicht beschattet werden. Im nachgeahmten Bauerngarten dagegen hat man meist nicht diese Wahl. In allzu beengten Situationen sollte man daher besser auf den Hausbaum verzichten. Notfalls bietet sich eine Alternative an, die zumindest optisch ähnliche Akzente setzt: die Begrünung der Hauswand mit Kletterpflanzen oder Spalierobst. In größeren Gärten wiederum kann problemlos ein Schattenbereich eingeplant werden, in dem der Kompostplatz und eine naturnahe Staudenpflanzung ihren Platz finden.

Hausbäume sollen Haus und Bewohner vor Blitzschlag und bösen Geistern schützen.

Kleine Kronen

In kleineren Gärten wird man mehr Wert auf niedrigere Bäume legen. Hierfür kommen zum Beispiel verschiedene *Sorbus*-Arten, wie **Eberesche**, **Mehlbeere** oder **Speierling** in Frage (alle mit stark Vitamin-C-haltigen Früchten) sowie **Weiß-** und **Rotdorn, Robinie** und **Platane**. Früher wurde die **Birke** öfter verwendet, sie besitzt allerdings ein flaches und gegen Nachbarn äußerst aggressives Wurzelwerk, was sie im eng bepflanzten Bauerngarten zu einem Störenfried macht.

Auch die meisten **Hochstamm-Obstbäume** werden nicht zu groß und eignen sich für diesen Zweck – Apfelbaum, die deutlich höher werdende Birne, Kirschbaum, Pflaume oder Mirabelle. Die **Mispel** ist heutzutage leider selten geworden, die **Quitte** mit ihren duftenden Früchten trifft man zumindest in Obstbaugebieten noch häufig an.

Die Eberesche und ihre fruchttragenden Verwandten gehören zu den kleinkronigen Bäumen, die sich auch unter beengten Verhältnissen als Hausbaum verwenden lassen.

Imposanter Schutzpatron

In einem großzügigen Innenhof kann man es sich leisten, ein imposantes Baumexemplar als Schutzpatron auszuwählen. Die **Linde** hat sich auf diese Weise wiederholt in der Poesie verewigt.

Während die Weltesche »Yggdrasil« einen festen Platz in der keltischen Mythologie hat, wird der Eiche selbiges für die deutsche Seele nachgesagt. **Berg-** und **Feldulme**, **Spitz-** und **Bergahorn** sind weitere einheimische Großbäume, die sich häufig als Hausbaum finden.

Obstbäume sind besonders beliebt als Hausbaum, da sie eine reiche Ernte versprechen.

Mein Rat

Hinsichtlich der Größe ist die **Walnuss** ein Grenzgänger; sie kann mit der Zeit 20 oder gar 30 m hoch werden. Trotzdem wird sie – sofern der Standort zusagt – als idealer Hausbaum gehandelt. Nicht nur, weil der imposante Baum Tausende von Früchten liefert, sondern auch weil der Duft seines Laubs unerwünschte Insekten fernhalten soll.

Hausbäume für den Bauerngarten

Kleine Hausbäume

Deutscher Name	Botanischer Name	Höhe (m)	Standort	Bemerkung
Feldahorn	Acer campestre	10–15	anspruchslos, eher trocken	Insekten- und Vogelnahrung
Rotdorn	Crataegus laevigata	2–6	frisch, humos, auch Halbschatten	Vogelschutzgehölz, gefüllte Blüten
Weißdorn	Crataegus monogyna	2–6	frisch, humos, auch Halbschatten	Vogelschutzgehölz
Robinie	Robinia pseudoacacia	3–10	frisch	Formschnitt möglich, giftig
Mehlbeere	Sorbus aria	8–12	feucht, nicht zu sauer	Insekten- und Vogelnahrung
Eberesche	Sorbus aucuparia	8–12	frisch	Insekten- und Vogelnahrung
Speierling	Sorbus domestica	10–15	warm, keine Staunässe	Früchte nach Lager genießbar

Obstgehölze als Hausbäume

Deutscher Name	Botanischer Name	Höhe (m)	Standort	Bemerkung
Apfel	Malus domestica	4–6	tiefgründig, keine Staunässe	Regionalsorten bevorzugen!
Birne	Pyrus communis	10–15	warm, keine Staunässe	spätfrostgefährdet
Kirsche	Prunus avium	4–8	durchlässig	selbstunfruchtbar
Pflaume	Prunus domestica	5–7	humos, nährstoffreich	versch. Formen und Farben
Mirabelle	Prunus domestica	5–7	warm, nährstoffreich	kleine, hellgelbe Früchte
Mispel	Mespilus germanica	4–6	warm, anpassungsfähig	Früchte nach Lager genießbar
Quitte	Cydonia oblonga	4–6	nährstoffreich	duftende Früchte
Walnuss	Juglans regia	15–30	frisch, nährstoffreich, keine Staunässe	essbare Früchte

Große Hausbäume

Deutscher Name	Botanischer Name	Höhe (m)	Standort	Bemerkung
Bergahorn	Acer platanoides	20–40	frisch, aber nicht staunass	Insekten- und Vogelnahrung
Spitzahorn	Acer pseudoplatanus	20–30	nährstoffreich	Insekten- und Vogelnahrung
Rosskastanie	Aesculus hippocastanum	20–30	nicht staunass	dichte Laubdecke
Esche	Fraxinus excelsior	40	feucht, nährstoffreich	verwildert gerne
Platane	Platanus acerifolia	20–30	warm, nährstoffreich	unempfindlich
Traubeneiche	Quercus petraea	30–40	locker, humos	Insekten- und Vogelnahrung
Stieleiche	Quercus robur	20–30	frisch	Insekten- und Vogelnahrung
Trauerweide	Salix alba 'Tristis'	15–20	feucht, sonnig	bogig herabhängende Triebe
Winterlinde	Tilia cordata	15–30	kalkhaltig	Bienenweide, heilwirksam
Sommerlinde	Tilia platyphyllos	30–40	frisch, luftig	Bienenweide, heilwirksam
Bergulme	Ulmus glabra	30–40	frisch, kühl	selten wegen Ulmensterben
Feldulme	Ulmus minor	20–30	auch nährstoffarm	selten wegen Ulmensterben

Die **Trauerweide** bezaubert durch ihre eindrucksvolle Gestalt, während die ursprünglich vorderasiatische **Kastanie** vor allem wegen ihres dichten, kühlenden Blätterdachs in mitteleuropäische Parks und bayerische Biergärten geholt wurde.

Unpassend ist auf jeden Fall die weit verbreitete »Blautanne« mitsamt ihren nadeltragenden Artgenossen. Deren kühle Eleganz passt nicht sonderlich in das gemütvolle Umfeld, obwohl sich bekanntlich über Geschmack streiten lässt. Aber während die Laubbäume so klug sind, ihr Kleid im Jahreslauf zu verändern, beschatten die immergrünen Koniferen unnötigerweise auch im Winter Haus und Umgebung. Sie sind deshalb in der beigefügten Tabelle nicht aufgeführt.

Bei Platzmangel gibt es übrigens eine Alternative zum Hausbaum, die zumindest optisch ähnliche Akzente setzt: die Begrünung des Hauses mit Kletterpflanzen oder Spalierobst (siehe S. 89).

Die Obstwiese als Lebensraum

Bis Mitte des letzten Jahrhunderts waren ausschließlich **Hochstamm-Obstbäume** üblich. Diese wurden aufgrund ihrer Größe von den Gärten ausgelagert, zum Teil an den Straßenrand als Obstbaum-Alleen, zum Teil auf großzügige Wiesenflächen. Solche Standorte mit mehreren Hochstämmen bezeichnet man daher als **Streuobstwiesen**.

Die Bäume werden hier nur selten geschnitten und die kleinen Früchte hauptsächlich als Fallobst aufgelesen. Dass sie dadurch nicht mehr als Tafelobst taugen, versteht sich von selbst. Aber manche Menschen nehmen Obst ohnehin am liebsten in Form von Fruchtsäften, Most oder gar Schnaps zu sich.

Die **extensive Pflege** bedeutet aber auch, dass solche Bäume nicht gespritzt und wenig von Menschen belästigt werden. So kann sich die Wiese zu einem wertvollen Lebensraum für anderweitig bedrohte Tiere und Pflanzen entwickeln. Aus diesem Grund wird der Erhalt der Streuobstwiesen heutzutage auch von den Landwirtschaftsämtern gefördert.

Zwischen den Bäumen sollte man ausreichend Platz lassen. Während bei den meisten Steinobst-Hochstämmen etwa 6 m genügen,

Traditionell werden die großen Obstgehölze außerhalb des Gartenzauns auf Streuobstwiesen angebaut.

Die Obstwiese als Lebensraum 59

In alten Obstbäumen, wie sie auf der Streuobstwiese wachsen dürfen, siedeln gerne Käuzchen.

Spaliere sind die ideale Lösung, um auch bei Platzmangel noch Obst ernten zu können.

brauchen Apfel und Birne 8 bis 9 m Abstand. **Alte Hochstämme** bieten Insekten, Vögeln und einigen Säugetier-Arten sowohl Nahrung als auch Unterschlupf. Eulen, Fledermäuse und der bedrohte Wendehals sowie Siebenschläfer nisten gerne in Stamm-Höhlen. In morschen Ästen kann sich eine Unmenge von Käfern und deren Larven aufhalten. Die darunter liegende Wiese beherbergt zahlreiche Blütenpflanzen, deren Nektar Hummeln, Wildbienen, Schmetterlingen und anderen Insekten Nahrung bietet.

Je magerer die Wiese, desto mehr attraktive Blütenpflanzen können sich ansiedeln. Dabei wird auch nur zwei- bis dreimal im Jahr gemäht, während man eine gedüngte Wiese häufiger schneiden muss. Bei einer Neuanlage ist darauf zu achten, dass kein pflegeintensiver Zierrasen, sondern ein Landschaftsrasen oder eine passende Blumenwiesen-Mischung ausgesät wird.

Mein Rat

An einer sonnigen Wand lassen sich am Spalier erfolgreich Birne, Apfel, Aprikose und Pfirsich ziehen. Zudem begünstigt dieser Standort die Ernteaussichten der wärmebedürftigen Arten. In wärmeren Regionen ist die Echte Weinrebe ein Favorit: Sie belohnt den Aufwand mit ihren herrlichen Fruchttrauben.

Bäuerlicher Pflanzenschmuck

Was wäre ein Bauerngarten ohne Blumen? Die allerneuesten Züchtungen in knalligen Farben passen allerdings weniger ins Bild. Ungleich stilvoller präsentieren sich duftende Blüten mit schlichter Anmut oder zauberhaft gefüllte Blüten.

- **Die Rose – Königin der Blumen** 62
  Pflanzen, pflegen, genießen
- **Stauden – die dauerhaften Blüten** 66
  Blütenstars von A–Z
- **Zwiebel- und Knollengewächse begleiten durch das Jahr** 80
  Frühlingsblüher und herbstlicher Farbenzauber
- **Blütenschmuck für einen Sommer** 82
  Sommerblumen und Einjährige
- **Bäuerlicher Schmuck auch für das Haus** 86
  Blütenfülle auf Balkon und Terrasse
- **»Zauberpflanzen«** 90
  Das Wissen der Hexen und Magier

Die Rose – Königin der Blumen

Nachweisbar seit mehreren Jahrtausenden schätzt der Mensch die Rose und baut sie unter seinem Schutz an. Sie wird verehrt für ihre Anmut und Schönheit sowie den Duft ihrer Blüten. Gleichzeitig setzte man sie vielseitig in der Heilkunst und zu kosmetischen Zwecken ein. Ihre Früchte, die Hagebutten, können zu vitaminreichen Gelees und schmackhaften Tees verarbeitet werden. Und manche Kinder, zumindest die naturverbundenen, schätzen sie als kostenloses Juckpulver.

Englische Rosen zeigen altmodischen Charme: hier 'Falstaff' aus dem Haus des Züchters David Austin.

Ein Rosenhochstämmchen im Zentrum der Anlage zieht alle Blicke auf sich – mit Recht.

Im heutigen Bauerngarten finden wir eine Vielzahl von Rosenarten, die noch im Mittelalter unbekannt waren. Sie unterscheiden sich in mancher Hinsicht von den modernen Beetrosen-Sorten. Bei deren Züchtung, hin zu lang anhaltenden und kräftig gefärbten Blüten, gingen nämlich sehr häufig der Duft und die natürliche Robustheit der Pflanze verloren. Deshalb erfordern viele Edelrosen den intensiven Einsatz von Pflanzenschutzmitteln gegen Rost- und Mehltaupilze, Blattläuse, Rußtau, Blattrollwespen oder Triebbohrer. Da hat man es mit den dezenteren und weniger empfindlichen, so genannten alten Rosen leichter. Auch die »Englischen Rosen« des Züchters David Austin kommen den Forderungen nach Robustheit und schlichtem, aber umso betörenderem Charme nach – obwohl sie größtenteils jüngere Züchtungen sind.

Verschiedene Wuchsformen für verschiedene Zwecke

Beetrosen kommen im bodenoffenen Staudenbeet unter. Dort stehen sie gerne in Mischkultur mit Lavendel, der mit seinem ätherischen Duft einige Schaderreger fern halten kann. **Kletterrosen**, die Hauseingang oder Gartentor umranken, begrüßen stilvoll den Ankömmling. Die einfacheren **Strauchrosen** finden gerne am Zaun ihren Platz. Attraktivere Einzelstücke dagegen kommen an zentraler Stelle am besten zur Geltung: im Rondell des Wegkreuzes zum Beispiel, passend unterpflanzt und zusätzlich mit einer Bauerngartenkugel geschmückt.

Für solch exponierte Standorte eignet sich besonders die Sonderform der **Hochstammrose**. Gerne platziert man diese auch in Reihen entlang der Hauptwege. Hochstammrosen erhält man, indem die gewünschte Edelsorte auf einen etwa 1 m hohen Stamm einer Wildrosen-Unterlage veredelt wird.

Die richtige Pflege

Beste Pflanzzeit für Rosen ist in der Regel der Oktober. Lediglich bei starker Frostgefährdung weicht man lieber ins Frühjahr aus. Wichtig ist ein sonniger, luftiger Standort in lockerem Boden.

Vor der Pflanzung werden die Wurzeln 12 bis 24 Stunden in einem Gefäß gewässert. Die Wurzeln – ebenso beschädigte Pflanzenteile – schneidet man zurück, bevor man die Rose in die ausreichend große und mit Reifkompost ausgefütterte Grube setzt. Anschließend wird mit guter Gartenerde aufgefüllt, eingeschlämmt und angetreten. Die Veredelungsstelle muss dabei einige Zentimeter unter die Erdoberfläche kommen. Bei Hochstammrosen ist vor dem Einsetzen ein Stützpfahl einzuschlagen.

Im März entfernt man die abgestorbenen Triebe. Dies erfordert bei historischen Rosenarten und -sorten sehr wenig Pflegeaufwand. Bei Beet- und Hochstammrosen dagegen sind alle Triebe zurückzuschneiden; stärkeren Trieben belässt man dabei mehr Augen als schwachen.

Bei der Pflanzung darauf achten, dass die Veredelungsstelle 3 bis 5 cm unter der Oberfläche bleibt.

Mein Rat

Vor dem ersten Winter am neuen Standort sollte jede Rose durch Abdeckungen geschützt werden. Frostempfindlich sind vor allem Kletter- und Hochstammrosen. Für das Anhäufeln mit nährstoffreicher Gartenerde im Herbst zeigen sich alle Rosen dankbar.

Wichtigste Pflegemaßnahmen während des Gartenjahrs:
- gelegentliche Düngung, am liebsten mit Mistkompost;
- beim Bewässern beachten, dass das Laub trocken bleibt; so bleibt es länger gesund.

Rosenträume mit altmodischem Charme

Jeder Gartenfreund hat das Recht auf seine ganz individuellen Lieblinge aus der Rosenfamilie. Trotzdem sollte in diesem Zusammenhang festgestellt werden, dass für die **historischen Arten und Sorten** nicht nur ihre Robustheit spricht, sondern der ganze Stil: Der zarte Duft, die sanften Pastelltöne, die romantische Verspieltheit ihrer Blüten- und Wuchsformen – all das entspricht weit mehr dem Idealbild eines Bauerngartens als die modernen Teehybriden mit dem Farbknalleffekt.
Die so genannten »Englischen Rosen« vereinigen diese Eigenschaften zusätzlich mit einem modernen Zuchtziel, nämlich größerer Blühfreudigkeit. Der englische Rosenfreund David

Trotz »Dornen« – die über den Zaun wallende Strauchrose überbringt einen romantischen Gruß.

Austin gab mit seinen zahlreichen Züchtungen die Richtung vor, die mittlerweile auch von französischen und deutschen Züchtern erfolgreich aufgenommen wurde.
Die Remontantrosen stellen eine Übergangsform dar, die mehrfach blühen (»re-montieren«), dabei aber noch den Charme vergangener Jahrhunderte versprühen. Häufig finden sich im Bauerngarten aber auch tatsächlich »Alte Rosen«, deren dicht gefüllten Blüten intensiven Wohlgeruch verbreiten (siehe Tabelle unten).

Alte Rosen für den Bauerngarten

Deutscher Name	Botan. Name	Höhe (m)	Blütezeit[1]	Farbe/ Füllung	Bemerkung
Weiße Rose	Rosa alba	–2	6–7	weiß (rosa)/ gefüllt	robust, älteste Kulturrose, graugrünes Laub, duftend
Bourbonrose	Rosa borboniana	1,5–2	6–7	Rottöne/ gefüllt	frostempfindlich, Halbschatten, fast ohne Stacheln, duftend, meist mehrfachblühend
Hunds-, Heckenrose	Rosa canina	–2,50	6	weiß-rosa/ einfach	reicher Fruchtschmuck, robust
Zentifolie, Bauernrose	Rosa × centifolia	–2	6–7	verschieden/ gefüllt	duftend, reichblühend, winterhart, überhängend
Moosrose	Rosa × centifolia 'Moschata'	–2	6–7	verschieden/ gefüllt	moosartige Drüsen mit duftendem Sekret
China-, Bengalrose	Rosa chinensis	1,20 (2,50)	6–11	gelb/rot/ unterschiedlich	frostempfindlich, mehrfachblühend
Damaszenerrose	Rosa damascena	–2	verschieden	verschieden/ gefüllt	mehrere Sorten, stark duftend, z. T. nachblühend
Essigrose	Rosa gallica	–1	6–7	rot/ unterschiedlich	robust, z. T. schattenverträglich, versch. Sorten, duftend
Remontantrose	Rosa hybrida bifera	–1,50	6–10	verschieden/ gefüllt	kräftiger Wuchs, remontierend, duftend
Bibernellrose	Rosa pimpinellifolia	–1,50	5–6	weiß-rot/ einfach	zart gefiederte Blätter, anspruchslos, schwarze Hagebutten
Wein-, Zaunrose	Rosa rubiginosa	2–3	6	rosa/ einfach	überhängend, nach Apfel duftend
Kartoffelrose	Rosa rugosa	1,5–2	5–10	purpur/ einfach	sonniger Standort, sonst anspruchslos

[1] = in Monaten

Stauden – die dauerhaften Blüten

Auch wenn es im Bauerngarten häufig scheint, als habe sich das üppige Allerlei zufällig angesiedelt, so steckt in der Regel doch ein wohl durchdachter Plan dahinter. Das Grundgerüst bilden auch hier wie in den meisten Gärten die **Stauden**. So bezeichnet man mehrjährige Blumenarten, die sich über den Winter in ihren Wurzelstock zurückziehen, während die oberirdischen Triebe absterben. Im folgenden Jahr treiben sie wieder aus den Wurzeln aus. Deshalb müssen sie nicht jährlich erneut ausgesät werden.

Ein Großteil der Stauden lässt sich jeweils am besten nach der Blüte **verpflanzen,** wenn die attraktivste Phase vorbei ist und noch nicht alle Kraft zur Samenbildung verwendet wurde. Weil sich aber oft eine schwerpunktartige Pflanzaktion zu Beginn oder Ende der Vegetationsperiode empfiehlt, setzt man frühlingsblühende Stauden bevorzugt im Herbst, spätsommer- und herbstblühende sowie Gräser und Farne dagegen im Frühjahr um. Häufig lassen sich auch kostenlos Ableger vom Nachbarn besorgen oder die alten Pflanzen teilen und neu aufpflanzen. Bei der Auswahl sollte man auf die **Standorteignung** achten.

Pfingstrose & Co. sind mehrjährige Pflanzen, die jedes Jahr erneut aus dem Wurzelstock treiben und dadurch über längere Zeit das Bild des Gartens prägen.

Auf einem Untergrund, der zur Vernässung neigt, wird man keine Trockenheit liebenden Arten ansiedeln. In **schattigen Bereichen** ist die Auswahl stark eingeschränkt, aber mit Primeln, Bodendeckern wie Maiglöckchen oder Waldmeister, mit Farnen und höheren Stauden wie Akelei oder Eisenhut lassen sich auch hier hübsche Wirkungen erzielen.

Grundsätze zur Pflanzenauswahl und Gestaltung

Die sonnenhungrigen **Pracht- oder Beetstauden** wollen einen lockeren, nährstoffreichen Boden in sonniger Lage, der von Fremdbewuchs konsequent freigehalten wird.
Wer auf eine kunstvolle Gestaltung Wert legt, der wird besonders auf die **Farbzusammenstellung** achten, umso mehr, als im Bauerngarten eher zarte Töne angesagt sind und weniger die neuesten knalligen Farbzüchtungen. Die üppige Fröhlichkeit soll harmonisch bleiben, nicht den Betrachter erschlagen.
Ein wichtiger Gesichtspunkt ist schließlich die **Höhe** der Pflanzen. Während Polster und niedrige Stauden bevorzugt am Wegrand oder zwischen mittelhohen Stauden in der Beetmitte anzusiedeln sind, kommen die größten Arten am besten in die Nähe des Zaunes, wo sie für den Betrachter im Garten den Hintergrund bilden, den vorbeigehenden Bewunderer hingegen über die Grenzbefestigung hinweg grüßen.
Die nachfolgenden Beschreibungen stellen eine Auswahl wichtiger und prägender Stauden für den Bauerngarten dar.

Die Wirkung der Farben

Pastelltöne wie Rosa, Blau und Mauve erzeugen in ihrer Umgebung eine romantische Atmosphäre. Die Farbe Weiß zaubert vor allem in dunkle Ecken prägnante, helle Lichtpunkte.
Am besten setzt man entweder nur gleichfarbige Pflanzen in großen Gruppen zusammen oder entscheidet sich für eine dominierende Farbe und wählt dazu ein bis zwei kontrastierende. Natürlich können Sie auch verschiedene Farben in großen Tuffs verwenden, die miteinander eine harmonische Einheit bilden.

Erklärung zu den Symbolen

Lichtansprüche
☼ Sonnig
◐ Halbschattig
● Schattig

Wuchshöhe
↑ 80–120 Durschnittliche Wuchshöhe in Zentimetern bzw. Metern.

Blütezeit
✿ Monate der Blütezeit.

Pflege
☞ **N** Niedrig
☞ **M** Mittel
☞ **H** Hoch

Goldgarbe
(Achillea filipendulina)

  8–9 60–120 N

Die Verwandte der Wiesen-Schafgarbe wird mit ihren goldgelbe Blütendolden je nach Sorte bis zu 120 cm hoch; das stark gefiederte Laub duftet aromatisch. Sie gedeiht am besten bei viel Sonne und Nahrung, kommt aber auch mit ärmeren und vor allem trockenen Böden recht gut zurecht.
Die Blüten eignen sich zum Schnitt, im Winter auch zum Trocknen.

Bei den höheren Sorten der Goldgarbe grüßen die Dolden gerade über den Zaun.

Eisenhut
(Aconitum napellus)

  6–7 80–120 M

Die heimische, bis mannshohe Pflanze ist stark giftig. Vorsicht, besonders wenn Kinder im Garten spielen. Der Frostkeimer braucht frischen, nährstoffreichen Boden und verträgt sonnige wie wechselsonnige Lagen. Im Sommer zeigt er seine dunkelblauen Blütenhelmchen in aufrechten Trauben.
Der sehr ähnliche Herbst-Eisenhut (*A. carmichaelii*) wird etwas größer und zeigt seine Blüten erst ab September.

Eibisch
(Althaea officinalis)

  6–8 100–160 N

Die auch »**Samtpappel**« genannte Malvenart ist eine altbekannte, heimische Heilpflanze, die frische und humose Böden in voller Sonne bevorzugt. Dort wächst sie anspruchslos und bildet mit der Zeit ausladende Büsche, mit einfachen, weiß bis violett gefärbten Blütenbechern.
Die fleischigen Wurzeln liefern ein altbekanntes Hustenmittel, die Blüten werden gerne von Bienen besucht.

Akelei
(Aquilegia vulgaris)

☀-◐ ❀ 5–6 ↑ 40–90 ☞ N

Eine bewährte Bauernblume mit charakteristisch gespornten Blütenkelchen in zahlreichen Farben, von Weiß über Rosa bis hin zu Blau und Violett. Einige Gartenformen werden inzwischen sogar in roten und gelben Färbungen angeboten.
Die Akelei sät sich an humosen, gut mit Nährstoffen versorgten Standorten selbst aus, auch noch im Halbschatten, und trägt so zu naturnahen Gartenbildern bei.

Herbst-Astern
(Aster dumosus, A. novi-belgii, A. novae-anglae)

☀ ❀ 9–10 ↑ 30–200 ☞ M

Die Polster überwallen elegant Mauern und Beetränder und sind im Frühjahr dicht übersät mit Blüten in Blau- oder Rottönen. Sie gedeihen gut auf humosen Böden, kommen aber auch mit steinig-durchlässigem Untergrund oder gar schmalen Mauerfugen zurecht.
Das Blaukissen sei hier stellvertretend genannt für eine ganze Gruppe von meist früh blühenden Steingarten-Polstern, wie Steinkraut *(Alyssum)*, Gänsekresse *(Arabis)* oder Teppichphlox *(Phlox subulata)*.

Der Eibisch ist eine alte Heilpflanze, verwandt mit der Stockmalve, aber mit kleineren Blüten.

Die hohen Herbstastern verabschieden mit ihrer üppigen Blüte das Gartenjahr.

Steinkraut (oben) und Blaukissen bilden im Frühjahr reich blühende Polster.

Blaukissen
(Aubrieta-Hybriden)

    4–5   bis 25   N

Die Polster überwallen elegant Mauern und Beetränder und sind im Frühjahr dicht übersät mit Blüten in Blau- oder Rottönen. Sie gedeihen gut auf humosen Böden, kommen aber auch mit steinig-durchlässigem Untergrund oder gar schmalen Mauerfugen zurecht. Das Blaukissen sei hier stellvertretend genannt für eine ganze Gruppe von meist früh blühenden Steingarten-Polstern, wie Steinkraut *(Alyssum)*, Gänsekresse *(Arabis)* oder Teppichphlox *(Phlox subulata)*.

Glockenblumen
(Campanula-Arten)

    6–8   nach Art   N

Es gibt sie in zahlreichen Varianten – als dicht blühende, flache Polster (z. B. *C. carpatica, C. portenschlagiana*) oder mit Einzelblüten *(C. persicifolia)* bis zu ganzen Blütenbüscheln *(C. glomerata)* an hohen Stängeln. Auf jeden Fall sind die blauen, violetten oder weißen Glocken ein beliebter Anblick in traditionellen wie in naturnahen Gärten.
Während die niedrigen Arten meist in durchlässigen (Stein-)Böden zuhause sind, stehen die aufrechten Arten gerne auf frischem, humosem Untergrund.

Garten-Chrysantheme
(Chrysanthemum-Indicum-Hybriden)

☼   8–11   50–100   H

Die Freilandsorten dieser weit verbreiteten Schnittblume begleiten uns mit verschiedenen, einfachen und gefüllten Blütenformen in weißen, gelben und roten Tönungen vom Herbst bis zum Winterbeginn. Ursprünglich stammt sie aus China.
Am besten gedeihen Chrysanthemen reich gedüngt auf gepflegten, durchlässigen Gartenböden und in geschützten Lagen. Wer sie in den ersten Frostnächten zum Schutz bedeckt, profitiert noch lange davon. Empfindlich gegen Winternässe.

Maiglöckchen
(Convallaria majalis)

  5 25 N

Die bekannten Frühlingsblumen bezaubern mit ihren zarten Blüten, die sich zwischen den großen, grundständigen, aufrechten Blättern erheben und betörend duften. Bald danach zieht die Pflanze allerdings ein. Maiglöckchen bevorzugen frischen, humosen Untergrund im lichten, warmen Schatten eingewurzelter Gehölze. Dort verbreiten sie sich mit ihren Ausläufern und können so große Flächen bedecken. Vorsicht, alle Pflanzenteile sind giftig!

Mädchenauge
(Coreopsis)

  6–9 50–90 N

Die eher kurzlebige Staude zeichnet sich durch ihren umso länger anhaltenden Flor aus. Bei der nadelblättrigen *C. verticillata* sind die Blütensterne kleiner als bei *C. lanceolata* oder gar *C. grandiflora,* von der es auch gefüllte oder schwarz gezeichnete Sorten gibt. Mädchenaugen stehen gerne in voller Sonne in gut nährstoffversorgten Beeten, die Standortansprüche der Arten sind jedoch unterschiedlich. Alle Arten sollte man möglichst nach der Blüte zurückschneiden.

Garten-Chrysanthemen bleiben länger schön, wenn man sie vor Frostnächten abdeckt.

Mädchenaugen gehören zu den ausdauerndsten Blühern unter den Stauden.

Rittersporn
(Delphinium-Hybriden)

☀ | ❀ 6–9 | ↕ 120–200 | ☞ M

Dank seiner eindrucksvollen Größe dominiert der Rittersporn das Blumenbeet.

Die Prachtstaude bildet eindrucksvolle Horste, je nach Sorte etwa mannshoch, mit eleganten Blütenkerzen in zum Teil kräftigen Blautönen, aber auch Weiß oder Rosa. Wenn man sie nach der frühsommerlichen Blüte kräftig zurückschneidet und ausreichend düngt, blüht sie im Herbst erneut. Am besten gedeiht Rittersporn in sonniger Lage und auf humosem Boden.
Auch der Rittersporn enthält giftige Inhaltsstoffe, besonders in den Samen.

Nelken
(Dianthus-Arten)

 | nach Art | 10–40 | N

Im späten Frühjahr blüht die **Pfingstnelke** *(D. gratianopolitanus)* aus grauen Polstern in verschiedenen Rottönen, im Anschluss daran die duftende **Federnelke** *(D. plumarius)*, die es auch in Weiß gibt. Den ganzen Sommer über zeigt die **Kartäusernelke** *(D. carthusianorum)* ihre purpurroten Blüten. Sie alle werden selten höher als 30 cm und bevorzugen durchlässigen Untergrund.

Tränendes Herz
(Dicentra spectabilis)

☀-◐ | ❀ 5–6 | ↕ 40–80 | M

Die einprägsame Blütenform dieses Frühlingsblühers bleibt jedem Kind in Erinnerung! Er zeigt sie bevorzugt auf humosem Boden in nicht voll besonnten Lagen.
Leider zieht die Pflanze nach der Blüte ein und wird ziemlich unansehnlich; dann sollte sie von größeren Pflanzen verdeckt werden. Ansonsten braucht sie wenig Pflege und lässt sich ungern verpflanzen.

Fingerhut
(Digitalis purpurea)

◐-● ✿ 6–7 ↕ 80–150 ☞ M

Jeder kennt seine attraktiven Kerzen aus rötlichen, länglich-glöckchenförmigen Blüten an den straff aufrechten Stielen, die sich am liebsten am humosen, überwiegend sonnigen, aber auch beschatteten Gehölzrand zeigen.
Die Pflanzen sind so kurzlebig, dass man sie oft als zweijährig bezeichnet. Dafür erhalten sie sich unter zusagenden Bedingungen von selbst, indem sie sich leicht versamen. Vorsicht bei Kindern – die Pflanze ist sehr giftig!

Der Fingerhut ist kurzlebig, sät sich aber am Gehölzrand gerne selbst aus.

Gämswurz
(Doronicum orientale)

☼-◐ ✿ 4–5 ↕ 30–60 ☞ N

Selbst in schattigen Bereichen verbreitet die »gelbe Margerite« ihren unkomplizierten Charme. Die Blüten bilden gemeinsam mit Vergissmeinnicht und Tulpen farbenfrohe Frühlingsbilder.
Die Gämswurz ist recht anspruchslos und gedeiht langjährig auf einem humosen und ausreichend mit Nährstoffen versorgten Boden. Es empfiehlt sich lediglich, die verwelkten Blüten auszuschneiden.

Mit ihren gelben Blütenstrahlen bereichert die Gämswurz den Frühlingsgarten.

Kugeldistel
(Echinops ritro)

☼ | ✿ 7–9 | ↕ 60–120 | ☞ M

Die attraktive Zierdistel glänzt den ganzen Sommer lang mit intensiv blauen Blütenköpfchen über dem stachelig-spitzen Laub. Die Unterseite der Blätter ist weißfilzig, auf der Oberseite haben sie wenige, einfache Haare. Sie bevorzugt humose Standorte in voller Sonne und kommt auch mit sehr trockenen und eher nährstoffarmen Bedingungen gut zurecht. Daher lässt sich die Kugeldistel mit Goldgarbe und einigen Gräsern zu einer steppenartigen Pflanzung vergesellschaften.

Sonnenbraut
(Helenium-Hybriden)

☼ | ✿ 6–9 | ↕ 100–150 | ☞ M

Dieser Korbblütler aus Nordamerika bringt neben gelben auch rote, bronzefarbene und braune Töne ins Staudenbeet. Je nach Sorte variieren außerdem die Blütezeit sowie die Wuchshöhe. In jedem Fall gehört die Sonnenbraut zu den fleißigsten Sommerblühern und kann mit ihren mächtigen Büschen als Leitpflanze dienen.
Außer einem humosen, gut ernährten Boden in sonniger Lage stellt die Pflanze kaum Ansprüche.

Die Taglilie öffnet ihre Kelche nur für einen Tag, bildet aber zur Blütezeit ständig neue.

Taglilie
(Hemerocallis)

☼-◐ | ✿ 6–8 | ↕ 60–100 | ☞ M

Der Name ist darauf zurückzuführen, dass jeder Kelch nur einen Tag lang blüht. Aber das beeinträchtigt die Wirkung nicht, denn während des langen sommerlichen Flors öffnen sich jeden Tag neue Blüten. Während *H. lilio-asphodelus* etwas kleinere, zart gelbe, aber duftende Blüten trägt, sind die der Hybriden größer und farbkräftiger.
Die Pflanze braucht vor allem humose und frische, also nicht zu trockene Böden und verträgt deshalb auch Halbschatten.

Funkie
(Hosta-Hybriden)

Aus alten Gärten ist vor allem die Sorte mit dem grün-weißen Laub bekannt. Heute ist diese großblättrige Schmuckstaude in zahlreichen attraktiven Varianten verbreitet, zum Beispiel mit blaugrünem oder zweifarbigem Laub oder mit auffälliger, parallel verlaufender Nervatur. Die röhrenförmigen Blüten in lockeren Trauben, die sich im Sommer hoch über die Horste erheben, sind eine hübsche Zugabe.

Alant
(Inula magnificum)

Das mächtige, aus Asien stammende Heilkraut mit seinen gelben Korbblüten wirkt am besten im nährstoffreichem Beet am Gartenzaun oder am Gehölzrand und gedeiht auch noch im Halbschatten. Den Echten Alant *(I. helenium)* findet man bei uns wild in Waldlichtungen.
Aus den Wurzeln, die man im Herbst nach dem Einziehen erntet, lässt sich ein Hustentee herstellen.

Schwertlilie
(Iris-Arten)

Die Blattform ist verantwortlich für den deutschen Namen. Vorrangig sind jedoch die Blütenkronen, neuerdings in vielen Farbzüchtungen. Historisch wurde *Iris germanica*, die Bartiris verwendet, heute findet man überwiegend *Iris-barbata-* und *Iris-spuria-*Hybriden sowie feuchtigkeitsliebende Verwandte wie *Iris sibirica*. In den fleischigen Rhizomen sitzen Heilkräfte. Sie wollen sichtbar an der Oberfläche liegen, auf lockerem, gut gedüngtem Untergrund.

Der mächtige Alant fühlt sich am Gehölzrand am wohlsten. Seine Wurzeln sind heilkräftig.

Sommermargerite
(Leucanthemum maximum)

Die große Schwester der Wiesenmargerite beherrscht mit ihren schlichten, großen weißen Blütentellern den sommerlichen Garten. Viel Sonne und nährstoffreiche Böden sind die besten Voraussetzungen für gutes Gedeihen.

Die Sommermargerite bedankt sich für ein gepflegtes Beet mit großen Blüten.

Madonnenlilie
(Lilium candidum)

Ihre duftenden, weißen Blüten gelten als Symbol der Reinheit. So erklomm die Madonnenlilie den ersten Platz im »Capitulare de Villis« von Karl dem Großen – und auch eine hervorgehobene Stellung im Bauerngarten, weit vor den vielen anderen attraktiven Lilienarten.

Die Madonnenlilie ist eigentlich ein Zwiebelgewächs, muss jedoch anders als Tulpen nach einmaliger Pflanzung nicht mehr herausgeholt werden. Allerdings empfiehlt sich dazu eine Dränage als Unterlage und eventuell sogar einen Schutzkorb gegen Wühlmäuse. Abschließend wird die Zwiebel höchstens 5 cm hoch mit Erde bedeckt. In Gruppen gesetzt haben die mannshohen Blüten eine atemberaubende Fernwirkung.

Noch größere Blüten besitzt die Königslilie *(Lilium regale)*. Die kurzlebigen *Lilium*-Hybriden gibt es in zahllosen Farbsorten. Auch die hellrot blühende Feuerlilie *(Lilium bulbiferum)* kann auf eine Tradition im Bauerngarten verweisen – nämlich auf sehr durchlässigen Böden.

Lupine
(Lupinus polyphyllus)

☀ | ✿ 6–7 | ↕ 50–120 | ☞ N

Von der altbekannten Lupine gibt es neuerdings viele interessante Farbsorten.

Lupinen blühen neben einigen anderen Prachtstauden im frühen Sommer. Nachdem es früher nur wenige Blau- und Rottöne gab, stehen mittlerweile zahlreiche Sortenzüchtung in leuchtenden Farben, auch zweifarbig, zur Auswahl. Saure, magere Böden werden von den Stickstoffsammlern bevorzugt. Nach der Blüte dürfen die traurigen Reste der einziehenden Pflanze zurückgeschnitten werden, damit sie nochmals austreiben. Vermehrung am besten durch Samen.

Indianernessel
(Monarda didyma und *M.-Hybriden)*

☀ | ✿ 7–9 | ↕ 70–130 | ☞ M

Die wunderlich wirkenden, auch bei den Bienen beliebten Lippenblüten stehen in mehreren Etagen. Je nach Sorte zeigen sie warme rötliche Tönungen, aber auch Weiß oder Lila. Das minzeartig duftende Laub kann zur Zubereitung von Tee verwendet werden. Indianernesseln gedeihen weitgehend anspruchslos auf humosen, frischen, gut ernährten Böden und voller Sonne, aber auch noch ungünstigeren Lagen.

Bauernpfingstrose
(Paeonia officinalis)

☀ | ✿ 5–6 | ↕ 60–100 | ☞ M

Als Heilpflanze aus China eingeführt, ist sie heute eine der typischsten Bauerngartenblumen (Bild siehe Seite 15). Aus einem fleischigen Wurzelstock, der sich ungern verpflanzen lässt, treiben die Büsche mit meist roten und weißen Blüten. Nicht zu tief setzen! Mistkompost ist eine willkommene Düngung. Die krampflösenden Inhaltsstoffe gelten heute als schwach giftig. Neben der klassischen Bauernpfingstrose findet man heute meist Hybriden von *P. lactiflora*.

Türkischer Mohn
(Papaver orientale)

  6 60–90 M

Es gehört zu den eindrucksvollsten Gartenerlebnissen, wenn sich die seidigen, knallroten Blütenblätter entfalten und den schwarzen Kern freigeben – für Menschen wie für geschäftige Blütenbesucher ein Blickfang im Garten. Leider dauert die Freude nicht sehr lange, und der Mohn zieht wieder ein. Dann sollte er sich hinter später blühenden Stauden verstecken können.

Sommer-, Staudenphlox
(Phlox Paniculata-Hybriden)

 6–8 80–130 M

Karl Förster erklärte diese attraktive Pflanze für unverzichtbar, und die »altmodischen«, leuchtkräftigen Blütentrauben im Sommer geben ihm Recht. Die aufrechten Triebe werden zum Teil über 1 m hoch. Leider sind einige Sorten recht krankheitsanfällig. Auf nährstoffreichen, frischen und sonnigen Standorten sowie bei sachgerechter Sortenwahl besteht die beste Aussicht auf Erfolg.

Welch ein Erlebnis, wenn der Türkische Mohn seine seidigen Blüten entfaltet!

Im Sommer ziehen die zahllosen Blütenbälle des Sommerphloxes alle Blicke auf sich.

Primeln
(Primula-Arten)

Die heimischen Formen, wie die Schlüsselblume und das kalkliebende Alpenaurikel (*P. auricula*), blühen ausschließlich gelb. Von der Gartenform (*P. x pubescens*) hingegen findet man zahllose Farbsorten, unter anderem auch weiße, rote und blaue Züchtungen. Sie können im zeitigen Frühling einen farbenprächtigen Teppich bilden. Zudem gibt es viele weitere Arten.

Sonnenhut
(Rudbeckia-Arten)

Gelbe Sterne sind das Kennzeichen dieser robusten Gattung. Während einige Arten (*R. fulgida, R. laciniata*) vor allem als mittelhohe Horste wirken, bieten sich andere (*R. nitida*) aufgrund ihrer Höhe (bis 2 m) als Randbepflanzung an. Gemeinsam ist ihnen allen die spätsommerliche Blütezeit.

Hauswurz, Dachwurz
(Sempervivum-Arten)

Man sagt dieser aus alpinen Staude nach, dass sie – auf das Dach gepflanzt – vor Blitzeinschlag schützen soll (»Donnerwurz«). Auch im Garten wird ein steiniger, ungedüngter Untergrund besiedelt, mit dem nur die wenigsten Pflanzen zurecht kommen.
Die fleischigen Blätter bilden Rosetten, die es in unzähligen Färbungen und Ausformungen gibt; diese Sortenvielfalt regen manchen zum Sammeln an. Aus den Blattrosetten erheben sich rötliche, manchmal aber auch gelbliche Blüten.
Die gequetschten Blätter pflegte man früher zur Linderung auf Insektenstiche und andere Wunden zu legen.

Rudbeckia fulgida 'Goldsturm' überdeckt sich zur Blüte flächig mit schwarzäugigen Sternen.

Das Mutterkraut ist eine kurzlebige Verwandte der Chrysanthemen mit vielen kleinen Blüten.

Mutterkraut
(Tanacetum [=Chrysanthemum] parthenium)

  40–70

Der Name dieses mit Rainfarn und Chrysanthemen verwandten Krauts ist auf die heilsame Wirkung bei Frauenkrankheiten zurückzuführen. Über dem streng duftenden Laub erscheinen im Sommer unzählige weiß-gelbe »Hemdenknöpfchen«. Diese Blüten können auch gefüllt sein.
Die kurzlebige Staude verwildert gerne auf frischen, humosen Böden und passt gut zwischen Rosen und andere mittelhohe Blumen.

Veilchen
(Viola-Arten)

Das Duftveilchen (*V. odorata*) treibt bereits ab März/April aus kleinen Blatthorsten seine zarten violetten Blütchen, die ihrem Namen alle Ehre machen. Auf humosen Böden unter lichten Gehölzen breiten sie sich selbst aus.
Das Hornveilchen (*V. cornuta*) dagegen blüht erst ab Frühlingsende in den Sommer hinein. Seine mehrfarbigen Blütengesichter ähneln denen der nahe verwandten Stiefmütterchen, sind allerdings deutlich kleiner.

Weitere typische Bauerngartenstauden

- Frauenmantel *(Alchemilla mollis)*
- Prachtspiere *(Astilbe-Hybriden)*
- Bergenie *(Bergenia cordifolia)*
- Kaukasus-Vergissmeinnicht *(Brunnera macrophylla)*
- Flockenblume *(Centaurea montana)*
- Wolfsmilch *(Euphorbia-Arten)*
- Sonnenauge *(Heliopsis helianthoides)*
- Schleifenblume *(Iberis sempervirens)*
- Brennende Liebe *(Lychnis chalcedonica)*
- Goldfelberich *(Lysimachia punctata)*
- Nachtkerze *(Oenothera tetragona)*
- Heiligenkraut *(Santolina chamaecyparissus)*
- Moos-Steinbrech *(Saxifraga arendsii spec.)*
- Fetthenne *(Sedum spec.)*
- Ziest *(Stachys-Arten)*
- Ehrenpreis *(Veronica-Arten)*

Zwiebel- und Knollengewächse begleiten durch das Jahr

Das Jahr wird eröffnet von Schneeglöckchen, Krokus und Winterling. Übergangslos schließen sich Märzenbecher und Traubenhyazinthen an, bis wir zu den edleren Zwiebelblumen gelangen: Tulpen und Hyazinthen. Sie verbreiten Düfte und Blütenpracht des Vorderen Orients, von wo sie stammen, und ergänzen sich mit europäischen Dichternarzissen, als wäre das schon immer so. Auch die **Kaiserkrone** mit ihren roten oder gelben Blütenglocken stammt aus Asien. Ihr eigenartiger Geruch soll Wühlmäuse vertreiben. Während sich die kleineren Frühlingsblüher im Laufe der Jahre bei zusagenden Bedingungen selbstständig machen, sollte man **Gartentulpen** und **Narzissen**-Hybriden alle zwei bis drei Jahre nach der Blüte aus dem Boden holen, abtrocknen lassen und dann erneut in aufgefrischte Erde pflanzen. **Hyazinthen** sind ohnehin nicht ganz winterfest, ebenso wie Gladiolen und Dahlien, die man aus diesem Grund jedes Jahr im Herbst ausgräbt und frostsicher überwintert. Dahlienknollen legt man dazu am besten in leicht feuchten Sand, während Gladiolenzwiebeln völlig trocken gelagert werden.

Gladiolen und Dahlien

Im Sommer öffnen sich am Ende der etwas steif wirkenden, schwertartigen Laubtriebe die exotischen Blüten der Gladiolen; im Bauerngarten haben sie seit langem ihren festen Platz. Den Abschluss der Saison beherrschen die Blüten der Dahlien oder »Georginen«, die sich vom Hochsommer bis weit in den Herbst ziehen. Es gibt sie in fast allen Farben und in unzähligen Formen, weshalb Dahlien auch in großen Gruppen selten langweilig wirken.

Dahlien gehören neben verschiedenen gelben Sonnenblüten zu den bestimmenden Blumen des Spätsommers. Vor der Frostperiode bringt man die Knollen in Sicherheit.

Zwiebel- und Knollenblumen für den Bauerngarten

Frühjahrsblüher (Pflanzung im Herbst)

Deutscher Name	Botanischer Name	Blütezeit
Krokus	Crocus-Arten	Feb.–März
Winterling	Eranthis hyemalis	Feb.–März
Schneeglöckchen	Galanthus nivalis	Feb.–März
Schneestolz	Chionodoxa luciliae	März–April
Zwerg-Iris	Iris danfordiae, I. reticulata	März–April
Frühlings-Knotenblume	Leucojum vernum	März–April
Traubenhyazinthe	Muscari-Arten	März–April
Zwergnarzissen	Narcissus-Hybriden	März–April
Blaustern	Scilla siberica	März–April
Strahlen-Anemone	Anemone blanda	März–Mai
Botanische Tulpen	Tulipa-Arten	März–Mai
Kaiserkrone	Fritillaria imperialis	April–Mai
Hyazinthen	Hyacinthus orientalis	April–Mai
Narzissen	Narcissus, je nach Art und Sorte	April–Mai
Gartentulpen	Tulipa-Hybriden	April–Juni
Spanischer Blaustern	Hyacinthoides hispanica	Mai
Zierlauch	Allium-Arten	Mai–Juli

Sommerblüher (Pflanzung im Mai)

Deutscher Name	Botanischer Name	Blütezeit
Gladiole	Gladiolus-Hybriden	Juni–Sept.
Montbretie	Crocosmia × crocosmiiflora	Juli–Sept.
Dahlie	Dahlia-Hybriden	Juli–Okt.

Entscheidend: die Pflanztiefe

Die meisten Zwiebel- und Knollengewächse sind ausgesprochen einfach zu kultivieren. Um ihnen ein gutes Gedeihen zu ermöglichen ist in erster Linie die richtige Pflanztiefe wichtig. Diese ist dafür entscheidend, dass das Überdauerungsorgan ausreichend geschützt ist – im Sommer gegen Austrocknung und im Winter gegen Frost. Als Faustregel für die Pflanzung gilt: Eine Zwiebel bzw. Knolle sollte so tief gepflanzt werden, dass die sie bedeckende Erdschicht etwa doppelt so hoch ist wie die Höhe der Zwiebel selbst.

Blütenschmuck für einen Sommer

Im Gegensatz zu Stauden, die im Wurzelstock überwintern und mehrere Jahre lang leben, müssen **Sommerblumen** jedes Jahr aus Samen heranwachsen. Der Vorteil: Mit diesen raschwüchsigen Kulturen lassen sich jedes Jahr neue Gartenbilder erzielen.
Einige dieser Blumen können direkt ins Freiland gesät werden, ja sie verbreiten sich an günstigen Standorten sogar von selbst. Andere, meist Einwanderer aus wärmeren Regionen, wollen in Gefäßen am Fensterbrett oder im Gewächshaus vorkultiviert werden, damit sie nach Ende der Frostgefahr am gewünschten Platz ausgepflanzt werden und zur Blüte kommen können.
Grundsätzlich ist zwischen Ein- und Zweijährigen zu unterscheiden: Während die **Einjährigen** innerhalb einer Saison keimen, blühen und wieder vergehen, müssen die Zweijährigen im ersten Jahr ihr Laub entwickeln, um im zweiten in Blüte gehen zu können. Doch die Übergänge sind fließend: Schmuckkörbchen oder Jungfer im Grünen keimen auch oft schon im Herbst, und manche Löwenmäulchen treiben häufig mehrere Jahre hintereinander aus derselben Pflanze wieder aus.
Auffällig ist, dass aus den Reihen der **Zweijährigen** einige beliebte niedrige Frühjahrsblüher kommen, nämlich Stiefmütterchen, Vergissmeinnicht und Maßliebchen, aber auch hohe Sommerblüher mit Fernwirkung wie Königskerze und vor allem die Stockrose. Sie alle werden in der Regel noch im Herbst ausgepflanzt.

Die imposanten, bis über zwei Meter hohen Stockmalven müssen im Frühsommer ausgesät werden, um im nächsten Jahr zu blühen.

Mein Rat

Die Knollen werden nach Ende der Frostgefahr an einen sonnigen Platz gesetzt, der nicht staunass sein darf. Um den Austrieb zu sichern, sollte man sie gegen Schneckenfraß schützen.

Einjährige Sommerblumen für den Bauerngarten

- Fuchsschwanz (Amaranthus caudatus)
- Löwenmaul (Antirrhinum majus)
- Ringelblume (Calendula officinalis)
- Sommeraster (Callistephus chinensis)
- Schmuckkörbchen (Cosmos bipinnatus)
- Chinesernelke (Dianthus chinensis)
- Strohblume (Helichrysum bracteatum)
- Fleißiges Lieschen (Impatiens walleriana)
- Duftwicke (Lathyrus odoratus)
- Bechermalve (Lavatera trimestris)
- Strandflieder, Statice (Limonium-Arten)
- Levkoje (Matthiola incana)
- Jungfer im Grünen (Nigella damascena)
- Mohn (Papaver-Arten)
- Feuerbohne (Phaseolus coccineus)
- Resede (Reseda odorata)
- Studentenblume (Tagetes-Arten)
- Kapuzinerkresse (Tropaeolum majus)

Der Goldlack ist bei uns ein zweijähriger duftender Frühlingsblüher, der hier aus Vergissmeinnicht hervorragt.

Nostalgische Düfte

Versäumen Sie nicht, das Bild eines romantischen Bauerngartens um eine sinnliche Dimension zu erweitern: den Duft. Geeignete Pflanzen lassen sich so einbauen, dass über den Jahreslauf verteilt immer wieder eine andere ihren Wohlgeruch verbreitet. Jeder Gang durch den Garten wird dadurch zum intensiven Erlebnis.

Dabei ist zu unterscheiden zwischen Blütenduft und Arten mit aromatischem Laub. Zu Letzteren gehören natürlich vor allem die meisten Gewürzkräuter. Sie entfalten ihr Odeur nicht nur beim Zerreiben der Blätter, sondern bereits dann, wenn man im Vorbeigehen das Laub streift. Beispiele hierfür sind Zitronenmelisse, Oregano und Pfefferminze. Gut in den Bauerngarten passen auch die vielen Arten der Duftpelargonien, die Wohlgerüche in unterschiedlichsten Nuancen verströmen. Solche Arten werden also möglichst entlang eines Wegs gepflanzt. Gewürzkräuter sollten ohnehin nicht zu weit entfernt von der Küche wachsen.

Blütendufter dagegen entfalten ihre Wirkung am besten in der Nähe eines Sitzplatzes oder im Eingangsbereich, wo man oft und lange ihr betörendes Aroma genießen kann.

Das Duftjahr im Blumenbeet beginnt meist mit Maiglöckchen und Goldlack. Früher dran sind nur einige Schneeball-Arten *(Viburnum)*, der Duft-Schneeball *(V. fragrans)* sogar schon mitten im Winter. Im Sommer folgen zum Beispiel Nelken, Duftwicke, die einjährig angebaute Levkoje *(Matthiola incana)*, die zweijährige Nachtviole *(Hesperis matronalis)* und der Diptam *(Dictamnus albus)* sowie Gehölze wie Falscher Jasmin *(Philadelphus)*, einige Geißblatt-Arten *(Lonicera)* und natürlich Alte und Englische Rosen.

Manche Pflanzen wie Nachtkerze *(Oenothera)* oder die im Kübel zu haltende Engelstrompete *(Brugmansia)* verzaubern ihre Umgebung erst ab der Dämmerung mit ihren schweren Düften. Diese sogenannten »Feierabenddufter« eignen sich ideal für Berufstätige, die erst am Abend in den Genuss ihres Gartens können.

Zweijährige Frühlings- und Sommerblumen für den Bauerngarten

Pflanzenart (botanischer Name)	Farben	Aussaat Blütezeit	Bemerkung
Stockrose *(Alcea rosea)*	rötlich, gelb, weiß	5–7 Sommer	prächtig, bis 250 cm hoch! Von Rost befallene Blätter entfernen
Maßliebchen *(Bellis perennis)*	rot, weiß	6–7 Frühling	Polster für den Beetrand, »gefülltes Gänseblümchen«
Marienglockenblume *(Campanula media)*	blau, weiß, rosa	5–7 Sommer	bis 90 cm hohe Blütenstände
Bartnelke *(Dianthus barbatus)*	verschieden	5–7 Sommer	Bienenweide, sät sich selbst aus
Goldlack *(Erysimum cheiri)*	gelb/rot/braun	5–7 Frühsommer	duftend, zum Teil auch mehrjährig, über Winter schützen!
Judassilberling *(Lunaria annua)*	lila	6–7 Frühsommer	bis 1 m hoch, silbrige Samenhülsen zum Trocknen, verwildert
Vergissmeinnicht *(Myosotis sylvatica)*	blau, rosa	6–7 Frühling	gut als Einfassung oder zum Lückenfüllen
Nachtkerze *(Oenothera biennis)*	gelb	6–7 Sommer	Blütenstände bis 150 cm hoch, abends zart duftend
Königskerze *(Verbascum-Arten)*	gelb	6–7 Sommer	hochwüchsig, sät sich selbst aus, Heilpflanze
Stiefmütterchen *(Viola tricolor)*	verschieden	6–7 Frühling	niedrig, blüht fast ganzjährig

Bäuerlicher Schmuck auch für das Haus

Die farbenprächtige Bepflanzung von **Fenstersimsen und Balkonen** hat eine sehr lebendige Tradition. In manchen Dörfern bekommt man das Gefühl, es herrsche ein regelrechter Wettbewerb um die wirkungsvollste Dekoration. Dabei dürfen oft die mancherorts als fantasielos geschmähten Geranien *(Pelargonium)* zeigen, was sie können: Vor allem ihrer prächtigen Fernwirkung haben sie die einseitige Bevorzugung zu verdanken.

Bei kleineren Pflanzeinheiten in der Nähe der Passanten mögen die Feinheiten einer artenreichen Kombination besser erkennbar sein. Größere Hausfronten hingegen, die man im ländlichen Raum vor allem aus der Ferne betrachtet, eignen sich hervorragend für solch eine einheitliche Bepflanzung. Bei der Planung ist auf die Unterscheidung von aufrecht wachsenden **Geranien** *(P. zonale)* und den Hänge-Formen *(Pelargonium peltatum)* zu achten. Damit die Pflanzen üppig blühen, wollen sie kräftig mit Dünger versorgt werden. Einige Bäuerinnen mischen reichlich getrockneten Mist in die Erde. Wem dieser nicht zur Verfügung steht, der muss mit den üblichen Flüssigdüngern nachhelfen.

Am Bauernhaus können die in langen Schleppen überhängenden Arten, wie Geranien und Petunien, ihre hervorragende Fernwirkung besonders gut zur Geltung bringen.

Balkonpflanzen mit altmodischem Charme

- Leberbalsam (*Ageratum houstonianum*)
- Strauchmargerite (*Argyranthemum frutescens*)
- Mignon-Dahlie (*Dahlia*-Hybriden)
- Nelken (*Dianthus caryophyllus*)
- Vanilleblumen (*Heliotropium*)
- Wandelröschen (*Lantana*-Camara-Hybriden)
- Geranie (*Pelargonium*-Hybriden)
- Petunie (*Petunia*-Hybriden)
- Feuersalbei (*Salvia splendens*)
- Husarenknöpfchen (*Sanvitalia procumbens*)
- Kapuzinerkresse (*Tropaeolum majus*)
- Eisenkraut (*Verbena*-Arten)
- Studentenblume (*Tagetes patula, T. tenuifolia*)

Strukturpflanzen
- Silber-Strohblume (*Helichrysum petiolare*)
- Weihrauchpflanze (*Plectranthus coleoides*)
- Buntnessel (*Solenostemon scutellarioides*, Syn.: *Coleus*-blumei-Hybriden)

Vielseitig, Halbschatten bevorzugend
- Knollenbegonie (*Begonia* × *tuberhybrida*)
- Pantoffelblume (*Calceolaria*)
- Männertreu (*Lobelia erinus*)

Schattenblüher
- Fuchsie (*Fuchsia*)
- Fleißiges Lieschen (*Impatiens walleriana*)

Es empfiehlt sich, jährlich etwa ein Drittel des Bestands durch Jungpflanzen zu erneuern, damit sie blühwillig bleiben. Dazu schneidet man im Sommer Triebspitzen ab und steckt sie zur Bewurzelung in ein lockeres Substrat. Wer die Abwechslung bevorzugt, dem steht ein reiches Reservoir an **Beet- und Balkonpflanzen** zur Verfügung. Knollenbegonien, Fuchsien, Petunien, Pantoffel- (*Calceolaria*) und Vanilleblumen (*Heliotropium*) und verschiedene Arten der Wucherblume (*Chrysanthemum*) sowie für schattigere Seiten das Fleißige Lieschen (*Impatiens*) gehören zu den meistverwendeten Balkonpflanzen.

Aber man muss sich ja nicht ausschließlich am Durchschnitt orientieren und kann auch Neuzüchtungen einbauen.

Deren Verwendung bedeutet keinen Stilbruch, denn auch im Bauerngarten darf immer wieder mit neuen Arten experimentiert werden. Hauptsache, es blüht üppig und fröhlich.

Blütenfülle aus Eimern und Kübeln

Gleiches gilt für **Kübelpflanzen**: Auch wenn Oleander, Roseneibisch und Engelstrompete, Aukube und Schmucklilie, Agave und Yuccapalme sowie die traditionsbehafteten Kräuter Rosmarin, Lorbeer und Myrte als typisch zu nennen sind – kein noch so traditionsverbundener Bauerngärtner wird es Ihnen krumm nehmen, wenn Sie sich unter den exotischen Schönheiten ihre eigenen Lieblinge aussuchen. Auch viele traditionsreiche Arten sind schließlich irgendwann eingewandert und wurden beliebt.

Terrasse und Eingang lassen sich mit exotischen Kübelpflanzen schmücken. Wie die meisten Balkonpflanzen sind sie nicht frosthart und müssen geschützt überwintern.

Die kalte Jahreszeit würden diese Exoten bei uns nicht unbeschadet überstehen. Deshalb müssen sie frostsicher **überwintert** werden – wie auch Geranien, Fuchsien und viele andere mehrjährige Balkonpflanzen verbleibt die Mehrzahl am besten in einem möglichst hellen Raum bei 5 bis 10 °C.

Wie der Name Kübelpflanzen schon besagt, spielen die **Behälter** eine entscheidende Rolle für die Wirkung dieser Gewächse – umso mehr in einem stilgerechten Bauerngarten. Dezent verzierte Tontöpfe in der Art handgefertigter Terrakotta-Gefäße geben dem Wurzelraum einen würdigen Rahmen. Glasierte oder emaillierte Behälter wirken besonders edel und elegant.

Großen, alten Kübelpflanzen genügen solche Töpfe oft nicht mehr. Für sie eignen sich (halbierte) Holzfässer. Wer dagegen besonders auf die Geldbörse achten muss, der kann sich auch mit den verschiedensten Blechbehältern behelfen, wenn sie als Gurkeneimer oder Sauerkrautkübel ausgedient haben. Solch improvisierte Gefäße gehören auch zum Repertoire des Bauernhofs, und dass sie ihren ganz eigenen Charme besitzen, wissen wir von unseren Beobachtungen in südlichen Urlaubsländern.

Kletterpflanzen verhüllen kahle Wände

Begrünte Wände sind unter beengten Raumverhältnissen eine Alternative zum Hausbau, zumindest für das Auge. Und damit gelingt, entsprechend dem bäuerlichen Vorbild, der harmonische Übergang von der Wohn- und Lebensstätte zur grünen Umgebung.

Bei der Auswahl sollte man sich über die Standorteigenschaften klar sein – Himmelsrichtung, Boden, Klima – sowie über die Höhe, die zu bewältigen ist. Zuletzt darf jeder seinen persönlichen Geschmack hinzuziehen: Soll es nur ein bescheidenes grünes Kleidchen sein, oder sind attraktive Blüten erwünscht? Für die sonnenbeschienene Seite steht eine größere Auswahl an Blütenpflanzen zur Verfügung. Wegen ihrer Blütenpracht, teilweise auch ihrem Duft kommen als Begrüßung am Eingang Kletterrosen, Blauregen *(Wisteria)*, Waldreben *(Clematis)* oder Geißblatt-Arten in Frage. Die Kletterhortensie *(Hydrangea petiolaris)* zeigt ihre Blüten sogar an der schattigen Nordseite. Der Kletterknöterich *(Fallopia baldschuanica)* ist als besonders raschwüchsig bekannt. Für den Schatten überwiegen ansonsten Arten, die vor allem mit ihrem Laub die Wände schmücken, wie Pfeifenwinde *(Aristolochia macrophylla)*, Efeu und Wilder Wein *(Parthenocissus)*.

Rankhilfe anbieten

Die meisten Kletterer brauchen eine Hilfestellung, um die Wand zu erklimmen. Nur Efeu, Kletterhortensie und manche Formen des Wilden Weins können sich mit ihren Haftorganen selbst festhalten. Dies ist allerdings nicht ganz unproblematisch: Die Saugnäpfe können unter eine schadhafte Putzschicht kriechen, und spätestens wenn man die Pflanze entfernt, kann dadurch der Putz abbröckeln und hässliche Löcher offenlegen. Aber kein Grund zur Panik: In den überwiegenden Fällen wird die Wand durch eine Kletterpflanze mehr gegen Witterungseinflüsse geschützt als geschädigt. Um ganz sicher zu gehen, können Sie die Wand vor dem Pflanzen auf feine Risse oder Beschädigungen überprüfen und diese beseitigen.

Als Rankgerüst kann man den übrigen Arten ein Gitter aus Holzlatten anbieten, die durch Abstandshalter 5–10 cm von der Wand festgehalten werden. In den Gartencentern findet man vorgefertigte Gitter in verschiedenen Formen, auch aus kunststoffummanteltem Stahl. Unauffälliger sind gespannte Drähte.

Mein Rat

Kurzfristig kann man sich mit einjährigen Pflanzen behelfen. Duftwicken, Feuerbohnen, Schwarzäugige Susanne oder Prunkwinde schmücken besonnte Hauswände rasch mit ihrer Blütenfülle, wenn man sich nicht für eine Dauerbepflanzung entscheiden kann.

»Zauberpflanzen«

Der Schritt von einer erfahrenen Bäuerin zu einer weisen, »magischen« Frau, früher auch als Hexe verketzert, ist nicht weit. Deshalb gehört es selbstverständlich zum Spektrum des Bauerngartens, dass dort auch einige **Zauberpflanzen** Platz finden. Und gleichzeitig passt es zum Trend, dass zumindest die Jugend magische Rituale wie die Raunächte, die Walpurgisnacht (30.4./1.5.) und **Halloween** (31.10./1.11.) wiederbelebt; Letzteres ist zwar über die USA zu uns gekommen, aber ebenfalls auf einen keltischen Brauch zurückzuführen. Grundsätzlich kann man all die Kräuter als Zauberpflanzen betrachten, die mehr oder weniger heilende Wirkung haben. Und das gilt für den Großteil unserer üblichen Würzkräuter. Erwähnung verdient in diesem Zusammenhang auch das **Johanniskraut** *(Hypericum perforatum),* dessen Wirkung auf seelische Zustände zielt: Ein Tee aus den Blättern hellt das Gemüt auf und beruhigt bei Stress. Die klassischen Zauberpflanzen der Hexen dagegen sind ebenso geheimnisvoll wie gefährlich. Die Dosierung von Substanzen, die Halluzinationen verursachen, ist schwer kontrollierbar. Die **Tollkirsche** *(Atropa belladonna)* gilt als eine der giftigsten Pflanzen unserer Flora, und doch sind ihre Wirkstoffe in zahlreichen Heilmitteln enthalten. Wesentliche Bestandteile der Salbe, die Hexen zum Flug befähigen soll, sind **Schwarzes Bilsenkraut** *(Hyoscyamus niger)* und **Stechapfel** *(Datura stramonium).* Seit altersher sagenumwoben ist die **Alraune** *(Mandragora vernalis),* weil ihre verzweigte fleischige Wurzel einer menschlichen Gestalt ähnelt. Allerdings ist die Alraune nicht ganz frosthart und muss bei uns wie eine Kübelpflanze überwintert werden. Zumindest körperlich ungefährlicher sind die Pflanzen, die einen **Liebeszauber** zustande

Halloween kam auf dem Umweg über die USA von den Kelten wieder zu uns. Kinder erhalten dieses Ritual magischen Ursprungs mit Freude am Leben.

Schon durch ihre Vorliebe für ausgefallene Standorte und ihre Wuchsform fällt auf: Die Hauswurz »muss« magische Kräfte besitzen.

bringen sollen; stellvertretend seien hier **Ringelblume, Lavendel** und natürlich (möglichst rote) **Rosen** genannt.
Besondere Schutzwirkung wird der **Linde** nachgesagt. Da sie nur in den wenigsten Bauerngärten Platz finden wird, muss man sich freilich meist auf den **Holunder** beschränken. In jedem Strauch sollen zahlreiche Naturwesen zu Hause sein, die einen beschützen, wenn man die Pflanze pfleglich und respektvoll behandelt (siehe auch Seite 48).
Noch weniger Platz beansprucht die **Hauswurz:** Auf dem Dach angesiedelt, soll sie vor Blitzschlag schützen.

Bunter Kugelzauber

Die meisten Betrachter lassen sich rasch von den in der Sonne funkelnden und spiegelnden Kugeln in den Bann ziehen. Unausweichlich folgt bald die Frage, was es eigentlich damit auf sich habe. Sie kann heute nicht mehr eindeutig beantwortet werden.
Schon aus dem Italien des 13. Jahrhunderts ist bekannt, dass Glaskugeln verwendet wurden, um die Wohnumgebung zu schmücken, und dass sie als Sinnbild der Fruchtbarkeit galten. Bei uns wurden die mundgeblasenen Kunstwerke in der Biedermeierzeit populär.
Die einfachen **Glaskugeln** in den Gartencentern sind heute überwiegend industrielle Massenware aus Fernost. Sie werden andererseits ergänzt durch viele hochwertige, kunsthandwerklich hergestellte Unikate.
In mystischen Vorstellungen sollten die **»Hexenkugeln«**, in denen sich Landschaft

In der Bauerngartenkugel spiegelt sich das Tränende Herz – und die ganze Welt.

und Sonne widerspiegeln, das Glück anziehen, Dämonen und böse Geister dagegen vertreiben. Etwas weltlichere Spekulationen sprechen davon, dass die in ihnen gespeicherte Wärme die Umgebung vor ersten Nachtfrösten schützen oder dass ihr Blinken ganz einfach Vögel abwehren soll.

Auf einen Blick

- Im bunten Potpourri des Bauerngartens sind traditionsreiche Blumen mit altmodischem Charme der beste Blickfang.
- Unverzichtbar sind Rosen, vorrangig historische Sorten und duftende Züchtungen nach diesem Vorbild.
- Unter den Stauden gibt es zahlreiche Arten, die aufgrund langer Tradition und häufig auch ihrer Heilkräfte für den Bauerngarten prädestiniert sind.
- Auch Zwiebel- und Knollenblumen wie Tulpen oder Dahlien können auf eine lange Geschichte als Bauerngartenpflanze zurückblicken.

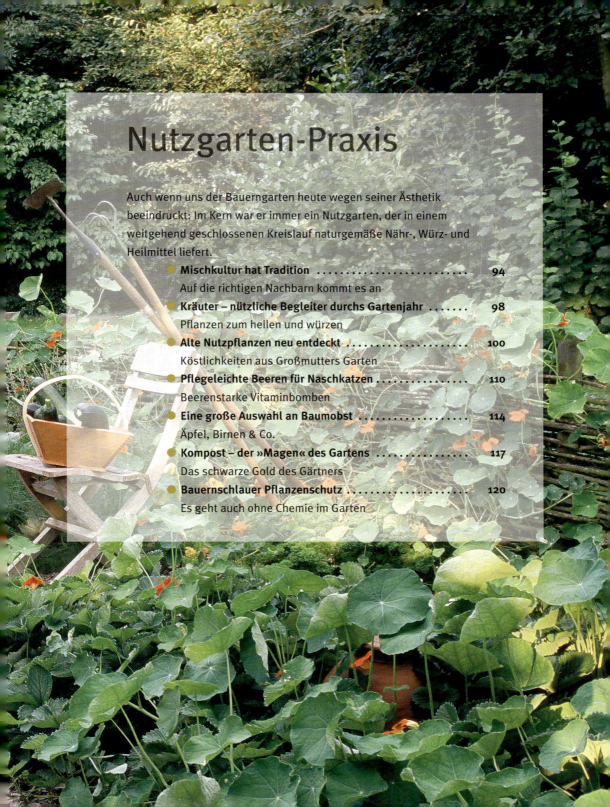

Nutzgarten-Praxis

Auch wenn uns der Bauerngarten heute wegen seiner Ästhetik beeindruckt: Im Kern war er immer ein Nutzgarten, der in einem weitgehend geschlossenen Kreislauf naturgemäße Nähr-, Würz- und Heilmittel liefert.

- **Mischkultur hat Tradition** 94
  Auf die richtigen Nachbarn kommt es an
- **Kräuter – nützliche Begleiter durchs Gartenjahr** 98
  Pflanzen zum heilen und würzen
- **Alte Nutzpflanzen neu entdeckt** 100
  Köstlichkeiten aus Großmutters Garten
- **Pflegeleichte Beeren für Naschkatzen** 110
  Beerenstarke Vitaminbomben
- **Eine große Auswahl an Baumobst** 114
  Äpfel, Birnen & Co.
- **Kompost – der »Magen« des Gartens** 117
  Das schwarze Gold des Gärtners
- **Bauernschlauer Pflanzenschutz** 120
  Es geht auch ohne Chemie im Garten

Mischkultur hat Tradition

In bäuerlichen Beeten geht es schon seit jeher bunt gemischt zu, denn mit verschiedenen Pflanzenarten lässt sich der zur Verfügung stehende Platz optimal nutzen. Dies gilt sowohl für das oberirdische Laub- als auch für das unterirdische Wurzelwerk. Auf diese Weise bleibt auch der Boden konsequent bedeckt, wodurch er mehr Wasser halten und sich weniger Unkraut durchsetzen kann. Allerdings sollte man dabei wissen, welche Pflanzen sich gut vertragen und welche nicht. Während sich nämlich beispielsweise Sellerie und Blumenkohl gegenseitig im Wachstum fördern, gedeiht Salat in der Nachbarschaft von Sellerie eher zögerlich. Arten derselben Pflanzenfamilie sollten grundsätzlich etwas Abstand halten. Die Nährstoffansprüche sowie die Ausscheidungen der jeweiligen Partner spielen hierbei eine entscheidende Rolle. Zusätzlich ist in einem gemischten Bestand die Krankheitsanfälligkeit geringer. Das beschränkt sich natürlich nicht allein auf Gemüse. Genauso wie beim Menschen sorgen Kräuter mit ihren intensiven Wirkstoffen auch im Gartenbeet für bessere Gesundheit. Und manche Blumen erfreuen nicht nur das Auge, sondern auch die Nachbarpflanzen und das Bodenleben, wie das Beispiel der Ringelblume bezeugt. Salat gedeiht gerne in Gesellschaft von Zwiebelgewächsen, Rettich bzw. Radieschen und Kohlrabi, aber auch neben Gurken. Sellerie verträgt sich bestens mit Tomaten. Die Kohlarten werden durch Kombination mit Bohnen oder Erbsen, Roten Beten sowie Spinat im Wachstum gefördert. Es gibt allerdings auch klare Abneigungen unter den Gemüsekulturen. So vertragen sich Bohnen oder Erbsen nicht mit Mitgliedern der Zwiebelfamilie. Tomaten stehen ungern neben Fenchel oder Gurken, und der Sellerie ist ein schlechter Nachbar für Lauch, Rote Bete und sogar Salat.

In echten Bauerngärten kann man in der Mischkultur auf jahrzehntelange Erfahrungen

Klassische Mischkultur von Zwiebeln und Möhren, ergänzt durch blühende Arten wie die einjährige Ringelblume.

Kopfkohl gehört zu den Starkzehrern, die in der ersten Tracht nach einer Mistgabe stehen.

bauen. Der unerfahrene Gärtner sei hiermit angeregt, sich nicht nur auf eine der vielen kursierenden Tabellen zu verlassen, sondern sich bei beschlagenen Bäuerinnen der Umgebung konkrete Ratschläge einzuholen.

Nebeneinander – nacheinander

So wie die Mischkultur die räumliche Aufteilung auf den Beeten regelt, bestimmt die Fruchtfolge die zeitliche Ordnung. Wichtig ist zu wissen, dass Pflanzen der gleichen Art und sogar der gleichen **Pflanzenfamilie** im Folgejahr nicht am gleichen Platz stehen sollten. Werden beispielsweise Rettich und Radieschen zu häufig hintereinander auf derselben Fläche angebaut, dann bekommt man oft Schwierigkeiten mit der Rettichschwärze. Die Petersilie reagiert in solchen Fällen mit Laub-

> **Pflanzen schützen Pflanzen**
>
> - Möhren und Zwiebeln oder Lauch – gegenseitige Abwehr der Gemüsefliegen
> - Knoblauch oder Zwiebeln bei Erdbeeren – Schutz gegen Pilzkrankheiten an Erdbeeren
> - Sellerie oder Tomaten bei Kohl – die stark riechenden Nachbarn stören Kohlweißlinge bei der Eiablage
> - Tagetes bei Möhren – Schutz gegen Möhrenverformungen durch Fadenwürmer (Nematoden)
> - Lavendel bei Rosen – Abwehr von Rosenblattläusen
> - Wermut bei Johannisbeeren – Abwehr des Johannisbeer-Säulenrosts
> - Kapuzinerkresse auf der Baumscheibe von Obstbäumen – Vorbeugung gegen Blut- und Blattläuse

Kapuzinerkresse auf der Baumscheibe soll gegen Läusebefall vorbeugen.

vergilbungen. Der gefürchteten Kohlhernie kommt man überhaupt nur durch Standortwechsel bei. Ausnahmen sind Tomaten und Stangenbohnen, und natürlich nehmen auch die mehrjährigen Kräuter sowie Erdbeeren und Rhabarber hier eine Sonderstellung ein. Das Prinzip stammt zweifelsfrei aus der Landwirtschaft und fiel im benachbarten Garten auf fruchtbaren Boden. Die intensiven Gemüsekulturen sind nämlich unterschiedlich empfänglich und empfindlich gegenüber dem nährstoffreichen Stallmist: **Starkzehrer** benötigen eine möglichst frische Gabe, während Stickstofferzeuger wie Bohnen und Erbsen dies nicht vertragen. Möhren, Lauch und Zwiebeln wiederum werden häufig durch Gemüsefliegen befallen, die sich im Mist befinden. Durch solch individuelle Bedürfnisse wird nach einer Stallmistgabe festgelegt, in welchen »Trachten« die Gemüsearten folgen – ob direkt danach oder erst ein oder zwei Jahre später.

Innerhalb eines Jahres haben wir die **Vor- und Nachkulturen** von den **Hauptkulturen** zu unterscheiden. Während die Erstgenannten in der Regel raschwüchsig sind (Radieschen, Salat, Kohlrabi etc.) oder noch mit dem Winter in Berührung kommen (Feldsalat, Spinat etc.), benötigen die Hauptkulturen (Kopfkohl, Fruchtgemüse etc.) zum Ausreifen einen Großteil der Sommersaison.

Gemüse für den Bauerngarten

Gemüseart	Pflanzenfamilie	Tracht Düngebedarf	Vor-/Haupt-/Nachkultur[1]
Blumenkohl, Brokkoli	Kreuzblütler	1. / Starkzehrer	V/H/N
Bohnen	Hülsenfrüchtler	3. / Schwachzehrer	H
Chicorée	Zichoriengewächs	2. / Mittelzehrer	H/N
Chinakohl	Kreuzblütler	2. / Mittelzehrer	N
Endivie	Zichoriengewächs	2. / Mittelzehrer	N
Erbsen	Hülsenfrüchtler	3. / Schwachzehrer	H
Erdbeeren	Rosengewächs	2. / Mittelzehrer	mehrjährig
Feldsalat	Baldriangewächs	3. / Schwachzehrer	(V) N
Fenchel	Doldenblütler	2. / Mittelzehrer	H/N
Grünkohl	Kreuzblütler	2. / Mittelzehrer	H/N
Gurken	Kürbisgewächs	1. / Starkzehrer	H (uG)
Kartoffeln	Nachtschattengewächs	1. / Starkzehrer	H
Kohlrabi	Kreuzblütler	2. / Mittelzehrer	V/H/N
Kopfkohl	Kreuzblütler	1. / Starkzehrer	H
Lauch	Zwiebelgewächs	1. / Starkzehrer	H/N
Möhren	Doldenblütler	2. / Mittelzehrer	H
Radicchio, Zuckerhut	Zichoriengewächs	2. / Mittelzehrer	N
Radieschen	Kreuzblütler	3. / Schwachzehrer	V/H/N
Rettich	Kreuzblütler	2. / Mittelzehrer	V/H/N
Rhabarber	Knöterichgewächs	1. / Starkzehrer	mehrjährig
Rosenkohl	Kreuzblütler	1. / Starkzehrer	H/N
Rote Bete	Gänsefußgewächs	2. / Mittelzehrer	H
Salate	Korbblütler	2. / Schwach- bis Mittelzehrer	V/H/N
Schwarzwurzel	Doldenblütler	2. / Mittelzehrer	H
Sellerie	Doldenblütler	1. / Starkzehrer	H
Spinat	Gänsefußgewächs	2. / Schwach- bis /Mittelzehrer	(V) N
Tomaten	Nachtschattengewächs	1. / Starkzehrer	H (uG)
Zucchini, Kürbis, Melonen	Kürbisgewächs	1. / Starkzehrer	H (uG)
Zuckermais	Gras	1. / Starkzehrer	H (uG)
Zwiebeln	Zwiebelgewächs	2. / Mittelzehrer	H

[1] V = Vorkultur, H = Hauptkultur, N = Nachkultur, uG = unter Glas oder Folie

Kräuter – nützliche Begleiter durch's Gartenjahr

Gegen jede Krankheit sei ein Kraut gewachsen, wusste schon Paracelsus, einer der Väter unserer Medizin. Allerdings können sie von Laien nur mit beschränkten Erfolgsaussichten eingesetzt werden. Bei leichten Erkrankungen kann man sich gut mit Kräutern aus dem Garten behelfen. Vor einer längerfristigen Selbstmedikation dagegen wird mit Recht immer wieder gewarnt.

Mit **Würzkräutern** als kulinarische Zutat für Speisen dagegen kann man kaum etwas falsch machen. Dill zum Gurkensalat, Schnittlauch auf den Quarkaufstrich, Basilikum zu Tomaten und Mozzarella, Zitronenmelisse in eine frische Salatsauce, ein Salbeiblatt zum Fisch, Petersilie an die Kartoffeln, Essig ansetzen mit Estragon, Oregano und natürlich Knoblauch für ein mediterranes Gericht – wie arm wäre unsere Küche ohne diese herrlichen Genüsse.

Und dabei liefern die Pflanzen uns nicht nur Nähr- und **Heilsubstanzen**: Bereits aromatische Düfte können etwas bewirken und als Stimulans oder einfach nur zum Genuss eingeschnuppert werden.

Kräuter in allen Gartenecken

Nun muss man sich bei Kräutern bei der Anpflanzung keinesfalls auf ein **Kräuterbeet** beschränken. Dort kommen eigentlich nur einige ausdauernde Pflanzen zu stehen, Zitronenmelisse etwa, Oregano, Estragon, Salbei oder Liebstöckel. Dazwischen können eigenwillige Einjährige ausgesät werden wie beispielsweise Majoran.

Der frostempfindliche Rosmarin wird wie eine **Kübelpflanze** behandelt. Viele andere Arten wollen entweder in naturnahen Bereichen **verwildern** oder mit Blumen und Gemüse vergesellschaftet werden.

Bohnenkraut steht am besten zwischen den Buschbohnen, Dill in den Möhrenreihen, zwischen Gurken, Salat oder ebenfalls bei den Bohnen und Knoblauch zwischen den Erdbeeren.

Kamille, Kümmel und Koriander werden zwischen das Gemüse gestreut. Kresse-Reihen baut man in die **Mischkulturen** ein. Ringel-

Der Schnittlauch ist eines der populärsten Kräuter der deutschen Küche. Mit seinen hübschen Blütenbüscheln lässt er sich gut als Beeteinfassung verwenden.

blumen und Borretsch dürfen sowohl im Gemüse- als auch im Staudenbeet verwildern. Ysop eignet sich hervorragend als **Beeteinfassung,** ebenso Petersilie oder Schnittlauch. Diese beiden pflanzt man auch gerne in Mischkultur mit Salat.
Lavendel begleitet am besten die Rosen, zum Beispiel als augenfällige **Unterpflanzung** im Rondell oder Beet.
Thymian, Bergbohnenkraut und Tripmadam fühlen sich auf durchlässigem Untergrund am wohlsten (**Steingarten**). Pfefferminze und Beinwell bevorzugen einen **feuchten Standort**. Kapuzinerkresse wird gerne für die Bepflanzung der **Baumscheibe** eingesetzt. Wermut bewahrt Johannisbeeren vor dem Säulenrost. Und auf der **Wiese** dürfen sich Wildgemüse und -kräuter wie Löwenzahn, Schafgarbe, Spitzwegerich und Gänseblümchen tummeln.

Die Ringelblume wirkt heilkräftig für unsere Haut und für den Boden.

Detaillierte Hinweise zum Anbau entnehmen Sie bitte der speziellen Literatur (siehe Seite 122).

Kräuter für den Bauerngarten

Einjährige Kräuter
Entweder mit geschützter Vorkultur oder Direktsaat ins Freie
- Basilikum
- einjähriges Bohnenkraut
- Borretsch
- Dill
- Gewürzfenchel
- Kamille
- Kerbel
- Knoblauch
- Koriander
- Kresse
- Kümmel
- Majoran
- Petersilie

Mehrjährige Kräuter
Werden überwiegend vegetativ vermehrt und gepflanzt
- Beifuß
- Berg-Bohnenkraut
- Eberraute
- Estragon
- Lavendel
- Liebstöckel
- Meerrettich
- Oregano
- Pfefferminze
- Rosmarin
- Salbei
- Schnittlauch
- Thymian
- Weinraute
- Wermut
- Ysop
- Zitronenmelisse

Alte Nutzpflanzen neu entdeckt

Etliche früher weit verbreitete Nahrungspflanzen sind mittlerweile aus unseren Gärten völlig verschwunden, von einigen immerhin noch Wildformen anwesend. Der Grund waren entweder überhand nehmende Schädlinge oder sonstige Probleme, unbefriedigende Ernteergebnisse, missliebiger Geschmack oder auch einfach nur die unerwünschte Erinnerung an vergangene schlechte Zeiten – und gleichzeitig natürlich ein reiches Angebot überall leicht erhältlicher und nutzbarer Neuzüchtungen. Auf diese Weise wurden beispielsweise Pastinaken von neuen Möhrensorten, Gartenmelde und Guter Heinrich vom Spinat verdrängt.

Wer sich heute für die Vergangenheit interessiert, früher übliche Geschmacksrichtungen ausprobieren sowie die ehrwürdigen Kulturpflanzen kennen lernen und eventuell erhalten möchte, mag sich von den nachfolgenden Porträts anregen und ermutigen lassen. Einen angemesseneren Platz als den traditionsbewussten Bauerngarten gibt es hierfür nicht. Die Stärke solcher Arten liegt in ihrer Urwüchsigkeit. In der Regel erfordern sie keinen Pflanzenschutz und fügen sich auch sonst bescheiden und stilgerecht in den pflegeleichten Garten. Und sicher wird die Experimentierfreude auch mit der einen oder anderen kulinarischen Neuentdeckung belohnt.

Die dekorativen Stiele des Ziermangold bringen Farbe ins Gemüsebeet und in die Küche.

Erklärung zusätzlicher Symbolen

Aussaat
A 7–10   Diese Angabe steht für die Aussaat der Pflanze in Monaten.

Erntezeit
E 7–10   Diese Angabe steht für die Erntezeit der Pflanze in Monaten.

Nährstoffbedarf
N 1   schwacher Nährstoffbedarf
N 2   mittlerer Nährstoffbedarf
N 3   starker Nährstoffbedarf

Kohl & Co.

Mairüben haben eine lange Tradition, wachsen robust und schmecken delikat nach Nuss.

Kohlrübe
(Brassica napus var. *napobrassica)*

☀-◐ A 4–6 E 9–11 N 2

Speiserübe
(Brassica rapa subvar. *pygmaea)*

☀-◐ A 3–8 E 5–11 N 2

Aus Kriegszeiten trägt die anspruchslose Kohlrübe den Ruf als Notnahrung. Das ist schade, denn sie ist nährreich, sogar heilwirksam, gut lagerfähig und vielseitig verwendbar. Mittlerweile gibt es verfeinerte Zuchtformen, die sowohl bei Gärtnern als auch bei Feinschmeckern wieder Gnade finden.
Man kann schon ab März vorkultivieren oder im Mai direkt aussäen. Im Herbst werden die Rüben geerntet und entweder eingelagert oder roh, gekocht oder gedünstet zum Verzehr bereitet.

Als **Mai-** oder **Herbstrüben** findet diese Gemüseart wieder vermehrt Anerkennung. Daran ist nicht zuletzt der für Kohl eher untypische nussartige Geschmack verantwortlich. Auf lockeren Böden gedeihen Speiserüben bei Direktsaat ab Ende März recht unproblematisch und sind meist bis Mai erntereif. Teltower Rübchen sind kleiner und länglicher und werden wie Herbstrüben erst nach der potenziellen Blütezeit (Juni) ausgesät. Auch vorzüglich als schmackhafte Rohkost geeignet.

Stielmus ist eine wenig bekannte Kohlart, bei der man das Laub erntet.

Stielmus, Schnittkohl
(Brassica napus bzw. B. rapa)

☀-☽   A 3–10   E 5–12   N 2

Schnitt- oder Scherkohl schätzt man traditionell an der Nordseeküste, Stielmus im Rheinland. Beide Gemüsearten sind eng verwandt mit den Kohl- bzw. Speiserüben. Im Gegensatz zu diesen werden die Blattgemüse so eng gesät, dass sich keine Rüben bilden können. So kann man das Laub ernten und als Gemüse verarbeiten. Bevorzugt werden nahrhafte und durchlässige Böden. Die Aussaat in Reihen von 20 bis 30 cm Abstand kann die ganze Vegetationsperiode über erfolgen, vom zeitigen Frühjahr bis Anfang Oktober. Auch Halbschatten wird vom Stielmus vertragen.

Die jungen Triebe des Meerkohls verzehrt man als Gemüse oder Salat.

Meerkohl
(Crambe maritima)

☀   A 2–5, 9–10   E ganzj.   N 2

Das mehrjährige Gewächs gehört zur Kohlfamilie. Heimisch ist es auf den leichten Böden entlang der Nord- und Ostsee, wo es auch bevorzugt kultiviert wurde. Meerkohl ist nährstoffbedürftig, aber ansonsten anspruchslos und kann schon ab Februar unter Glas oder ab April im Freien vorkultiviert werden. Am endgültigen Standort braucht die Pflanze so viel Platz wie ein großer Kohlkopf. Geerntet werden jeweils im Frühjahr die jungen Triebe, die man am besten durch Überdecken mit Eimern oder Ähnlichem bleicht. Dann schmecken sie am zartesten und können als Salat oder als Gemüse genossen werden.

Weniger bekannte Blattgewächse

Kleiner Odermennig
(Agrimonia eupatoria)

☀ A 3–5 E 6–8 N 1

Eine der berühmtesten Heilpflanzen in der Antike! Die Blätter wurden vor allem gegen Leber- und Galleleiden sowie bei Blutungen eingesetzt. Der rauhaarige Stängel wird bis zu 1 m hoch und endet in einer gelben Blütentraube. Blätter und Wurzeln duften aromatisch. Hauptwirkstoffe aber sind Gerbsäuren. Der Odermennig wächst auf leichten Böden.

Melde
(Atriplex hortensis)

☀-◐ A 3–5 E 6–9 N 2

Von der uralten, mit dem Spinat verwandten Nutzpflanze gibt es grüne, gelbe und rotlaubige Sorten. Alle sind anspruchslos und sehr reich an Vitamin C und samen sich von selbst aus. Da man nur einzelne Blätter erntet und nicht die ganze Pflanze auf einmal, kann man von einer Melde-Reihe laufend Zutaten zum Salat oder zum Gemüse gewinnen.

Mangold
(Beta vulgaris var. *cicla)*

☀-◐ A 4–6 E 7–12 N 3

Dieses Gemüse – verwandt mit Roten Beten und Spinat – gehört zu den beliebtesten Wiederentdeckungen. Dies verdankt es unter anderem den buntblättrigen Neuzüchtungen. Aber auch die grünen Sorten können sich sehen lassen. Die schmalrippigen Blattsorten werden wie Spinat verarbeitet. Die fleischigen Rippen des Stielmangolds lassen sich sehr vielfältig zubereiten.
Die Kultur ist unkompliziert, wenn nur der Boden humos und nährstoffreich ist. Direktaussaat ab April mit 30 cm Reihenabstand.

Die anspruchlose Melde, hier die rotblättrige Sorte, lässt sich wie Spinat verarbeiten.

Guter Heinrich
(Chenopodium bonus-henricus)

☼-◐ | A 4–5 | E 7–9 | N 2

Da er vom Spinat verdrängt wurde, ist der Gute Heinrich kaum mehr bekannt.

Von dieser robusten mehrjährigen Pflanze können praktisch alle oberirdischen Teile verwertet werden. Vor Einführung des Spinats erfüllte der Gute Heinrich dessen Funktion – mit hohen Vitamin-C- und Protein-Gehalten von guter Qualität. Für den Anbau ist humoser, nährstoffreicher Boden von Vorteil. Ausgesät wird direkt im April oder Mai mit 30 bis 40 cm Reihenabstand. Die Blütenknospen gelten als delikate Salatbeigabe. Von den Blättern kann laufend geerntet werden.

Cardy
(Cynara cardunculus)

☼ | A 4 | E 9–11 | N 3

Diese bis zu 2 m große Pflanze ist wie die **Artischocke** ein Distelgewächs. Verzehrt werden die fleischigen Rippen der riesigen Blätter. Bei einem Quadratmeter Platzbedarf ist nicht nur ein humoser, sondern auch nährstoffreicher und warmer Standort zu wählen. Am besten zieht man die Pflänzchen ab April geschützt vor, um sie nach Ende der Frostgefahr ins Freie zu bringen. Ab September sollte man die Pflanze in Wellpappe oder schwarze Folie wickeln, um sie zu bleichen. Ab Herbst kann geerntet werden.

Rauke
(Eruca sativa)

☼-◐ | A 4–9 | E 6–11 | N 1

Auch dieses aus Vorderasien stammende Gewächs hatte sich – vor allem im Mittelmeerraum – bereits über Jahrhunderte als Kulturpflanze behauptet. In der Blattgestalt erinnert die Rauke an Radieschen, auch der Geschmack ist entsprechend kräftig.

Auf lockeren Böden wächst sie gut und unkompliziert. Ab April kann direkt gesät werden, in Folgesaaten bis September mit 15 bis 20 cm Reihenabstand. Da die Pflanzen bald in Blüte gehen, muss man die Blätter zuvor ernten, um sie als würzige Salatbeigabe zu verwenden.

Kasseler Strünkchen
(Lactuca sativa var. longifolia)

☼-◐ A 4–7   E 6–10   N 2

Hierbei handelt es sich um eine Sorte des Römischen Salats, die sich in Nordhessen eingebürgert und lange Jahre erhalten hat. Man verwendet von ihm allerdings weniger die Blätter als vielmehr die geschälten Strünke; sie werden ähnlich wie Spargel ausgesät.
Die Pflanzen können ab April bis Juli in Folgesaaten ausgesät werden, bei einem Reihenabstand von 20 bis 25 cm. Am besten geeignet sind frische, lehmige Böden.

Portulak
(Portulaca oleracea)

☼ A 5–7   E 7–10   N 1

Eine Wildform des Gemüses hat sich, vom Mittelmeer kommend, bei uns auf warmen, leichten Böden als »Unkraut« verbreitet. Die Kulturpflanze hat fleischige Triebe und wird bis 40 cm hoch. Die Form mit goldgelben Trieben ist zarter, die grüne würziger.
Von Mai bis Juli kann in Folgesaaten ausgesät werden, im Frühbeet auch schon im April, am besten auf lockeren, aber frischen und humusreichen Böden. Man erntet vor Erscheinen der Blüte die jungen Sprossspitzen.

Ampfer
(Rumex acetosa)

☼-◐ A 3–5   E 6–10   N 2

Unter Naturliebhabern ist seit langem bekannt, dass die Blätter des wild wachsenden Sauerampfers eine säuerlich schmeckende, vitaminreiche Ergänzung zum Salat sind. Aber man kann auch seine Gartenform kultivieren. Da es sich um eine mehrjährige Pflanze handelt, liefert Ampfer ohne Aufhebens auf nährstoffreichen Böden jährlich frisches Grün.
Die Gartenform *(R. patientia)* wird ab März direkt gesät, mit 30 bis 40 cm Reihenabstand; sie wird größer als der Sauerampfer. Eine jährliche Kompostgabe erhöht den Ertrag.

Vom Ampfer gibt es eine attraktiv rot geäderte Sorte. Die Blätter kommen in den Salat.

Seltene Früchtchen

Der Fuchsschwanz, als Blume bekannt, war früher ein Gemüse.

Amaranth
(Amaranthus lividus)

| ☼ | A 5 | E 8–10 | N 1 |

Wildarten sind weltweit als Unkraut im Acker verbreitet, verschiedentlich wird aus den Samenständen auch Getreide gewonnen. Die Blütenstände verwendet man gerne in Blumen- und Trockensträußen, die Blätter der oben genannten Art können wie Spinat zubereitet werden. Auf frischen Böden sät man am besten nach den Eisheiligen direkt ins Freiland, mit 40 cm Reihenabstand. Später sind die Pflanzen auf 30 cm Einzelstand auszudünnen.

Die Früchte des Erdbeerspinats haben vor allem dekorativen Wert.

Erdbeerspinat
(Chenopodium capitatum)

| ☼–◐ | A 4–5 | E 6–8 | N 1 |

Die beiden Namensteile beschreiben auch die doppelte Nutzbarkeit dieser alten Gemüseart: Die Blätter der jungen Pflanze werden wie Salat oder Spinat verarbeitet, während die etwas später erscheinenden, kleinen, roten Früchtchen an Erdbeeren erinnern und eine dekorative Zierde jedes Salats abgeben. Der Geschmack ist allerdings nicht sonderlich aromatisch. Aussaat mit 25 cm Reihenabstand, Kultur anspruchslos, Erntebeginn nach 3 bis 4 Wochen.

Buchweizen
(Fagopyrum esculentum)

☼-◐ | A 3–5 | E 7–10 | N 1

Eigentlich ein Knöterichgewächs, lieferte diese Pflanze vor allem in Asien schon vor Tausenden von Jahren »Getreide«. In Mitteleuropa eroberte der Buchweizen hauptsächlich die armen Sand- und sauren Moorböden. Seine Samen sind sehr stärke- und eiweißreich. Das Mehl benutzt man für Pfannkuchen und Frikadellen, weniger für Brot. Heute wird Buchweizen gerne als Gründünger in die Gemüse-Fruchtfolge eingestreut, weil er dort keiner verwandten Art in die Quere kommt.
Die Aussaat als Nahrungspflanze erfolgt erst nach den Eisheiligen auf lockeren und kalkfreien Böden.

Buchweizen ist eine alte Nutzpflanze, die selten verwildert anzutreffen ist.

Puffbohne, Dicke Bohne
(Vicia faba)

☼-◐ | A 2–6 | E 6–9 | N 1

Die Puffbohne ist zu Unrecht aus dem Garten verdrängt worden. Wie der Name besagt, liefert diese etwa 1 m hohe Bohnenart besonders dicke Hülsenfrüchte, die sich jung für Gemüse und Salate nutzen lassen, während man die ausgereiften Körner in Eintöpfen kocht oder püriert. Sobald es die Witterung zulässt, können die Samen ab März ausgelegt werden, in Reihen mit 50 cm Abstand und mit Folgesaaten bis Juni. Aufgrund des frühen Termins werden die Stickstoffsammler auch gerne als Gründünger eingesetzt. Vorteilhaft sind durchlässige, aber frische Böden.

Die Puffbohne war früher ein wertvolles Nahrungsmittel.

Seltene Wurzelgemüse

Rapunzel-Glockenblume
(Campanula rapunculus)

☼-◐   A 5–6   E 9–10   N 2

Diese zweijährige Pflanze bildet weiße, fleischige, fingerdicke Wurzeln. Bei der Kultur als Gemüse sind die blauvioletten Glockenblüten nicht erwünscht. Deshalb sät man erst im Juni auf lockeren, frischen Böden mit 20 cm Reihenabstand aus.
Geerntet wird ab Oktober bis ins Frühjahr, bevor ab Mai die Blüten zum Vorschein kommen. Die Wurzeln sind roh oder gekocht genießbar, die Blätter können wie Spinat zubereitet werden.

Pastinake
(Pastinaca sativa)

☼-◐   A 3–4   E 9–10   N 2

Obwohl sie ideal für den Eintopf geeignet ist, geriet diese Rübe fast in Vergessenheit. Sie ist weiß wie Petersilienwurzel, aber größer und ähnlich gehaltvoll wie die Möhre. Humose und tiefgründige Böden sind wichtig für die robuste Pflanze, die wie alle Doldenblütler sehr langsam keimt. Schon ab März kann man direkt in Reihen mit etwa 40 cm Abstand aussäen. Im Hochsommer sollte man die Pflanzen nochmals nachdüngen, um ab Oktober kräftige Rüben ernten zu können.

Zuckerwurzel
(Sium sisarum)

☼-◐   A 3–4   E 10–11   N 1

Die aus Südosteuropa stammende Staude mit den 80 cm hohen, weißen Doldenblüten bildet ein Bündel fingerdicker Wurzeln, die süßlich schmecken und erst mit dem Auftauchen der Kartoffel aus dem Speiseplan verdrängt wurden. Entweder man setzt einzelne Wurzeln oder man sät aus. Da mehrjährig, können die Wurzeln jederzeit geerntet werden. Der holzige Kern ist herauszuschneiden.

Die Pastinake ist sehr gesund und gewinnt wieder an Bedeutung als Suppeneinlage.

Knollenziest
(Stachys sieboldii)

☼–◐   A 4–5   E 10–11   N 2

Zunehmender Virusbefall drängte diese, ursprünglich aus China stammende, frühere Delikatesse aus dem Anbau. Nachdem virusresistente Stämme gezüchtet wurden, kann man es mit der aus Japan stammenden Pflanze wieder versuchen. Allerdings ist der Ertrag nicht sonderlich hoch.

Die Pflanzen bevorzugen leicht feuchten Untergrund, benötigen aber sonst kaum Pflege. Die ringförmig eingeschnürten Knollen sollte man möglichst spät im Herbst ernten. Sie müssen nicht geschält, aber rasch verzehrt werden, sonst werden sie unbrauchbar. Zubereitet wie Spargel oder Blumenkohl.

Haferwurz
(Tragopogon porrifolius)

☼   A 3–4   E 10–11   N 2

Wie man am Samenstand, einer riesigen Pusteblume, erkennen mag, ist diese zweijährige Pflanze eng verwandt mit unserem Wiesenbocksbart. Die gelben Pollenständer, die innerhalb der purpurnen Blüte einen Kreis bilden, verleihen ihr eine besondere Anmut. Das Laub erinnert eher an Schwarzwurzeln. Die Pflanze stammt aus dem Mittelmeerraum, ist aber vereinzelt bei uns verwildert. Verzehrt werden die fleischigen Wurzeln und junge Sprösslinge. Die Putzarbeiten sind aufwändig, aber der Geschmack entschädigt für die Mühe. Haferwurz sollte auf frischem Untergrund direkt ausgesät werden. Die Ernte kann vor oder nach dem Winter erfolgen.

Die Haferwurz bildet hübsche Blüten (kleines Bild), verzehrt jedoch werden die Wurzeln.

Pflegeleichte Beeren für Naschkatzen

Genau genommen gehören Beerensträucher nicht zur ganz alten Tradition des Bauerngartens. Sie werden bei uns erst seit rund 200 Jahren in größerem Umfang kultiviert, und auch das nicht immer innerhalb des Gartenzauns. Aber sie werden vielen Erwartungen gerecht, die man an Bauerngarten-Pflanzen stellt: Sie sind anspruchslos, gedeihen im Halbschatten unter höheren Bäumen und verwildern sogar auf unwirtlichem Gelände. Und sie erfüllen eine doppelte Funktion als zaunhohe und fruchttragende Heckensträucher, benötigen nur wenig Pflege und liefern trotzdem eine reiche Ernte.

Die Ernte selbst ist – das muss man zugeben – etwas aufwändig, vor allem bei den kleinen Johannisbeeren, deren Fruchttrispen man zuerst vom Strauch holen und anschließend, vor der eigentlichen Verarbeitung, noch von den Stielen und anderen unerwünschten »Beilagen« befreien muss. Das passt gar nicht zur Hast und Ungeduld unseres Zeitalters. Deshalb sind diese Sträucher in neu angelegten Gärten rar geworden. Aber für Genießer bleibt nicht zuletzt ihr nostalgischer Wert: Die Kindheitserinnerungen, in Omas Garten frisch vom Strauch genascht zu haben, die verführerischen roten, gelben oder schwarzen Früchte in Augenhöhe, und dabei die frühzeitige Erfahrung, dass die süßesten Früchte mitunter schmerzhaft mit Dornen bewehrt sind – das macht sie über den Nährwert hinaus auch für unser Gemüt wertvoll.

Pflanzen und Mulchen

Gepflanzt werden die Sträucher von Johannis- und Stachelbeeren bevorzugt im Herbst (Oktober–November) zur Zeit des Laubfalls,

Ein Johannisbeer-Hochstämmchen trägt reichlich Früchte, die man im Stehen ernten kann.

während man Him- und Brombeeren besser im Frühjahr (März) einsetzt. Grundsätzlich sind jedoch beide Termine möglich. Häufig bieten sich Plätze am Zaun an, je nach Möglichkeiten innerhalb oder außerhalb.
Die Pflanzgrube wird groß genug ausgehoben, sodass die Wurzeln nach dem Zurückschneiden genug Platz haben, und mit reifem Kompost ausgekleidet, der das Anwachsen fördert. Außerdem muss man die Pflanzscheibe gut angießen und möglichst sofort mit dem Mulchen beginnen. Diese Maßnahme ersetzt nach dem Anwachsen das Bewässern. Johannis- und Stachelbeeren werden hauptsächlich mit grünem Schnittmaterial gemulcht, während bei Himbeeren und Brombeeren gerne Rindenmulch Verwendung findet. Mit ihren unterirdischen Ausläufern neigen diese beiden Arten zum Wuchern.

Johannis- und Stachelbeeren

Die **rotfrüchtige Form** (schweizerisch »Cassis«) ist die bekannteste unter den »Ribiseln«, wie die Johannisbeeren im süddeutschen Raum auch genannt werden. Sie trägt

> **Mein Rat**
>
> Wer vorhandene Beerensträucher vermehren will, kann von April bis Mai Absenker bilden. Diese werden nach erfolgreicher Bewurzelung im Herbst abgetrennt und als individuelle Exemplare gepflanzt.

Stachelbeeren kann man frisch von den Trieben pflücken und gleich naschen.

in der Regel am reichsten Früchte; ähnlich sind die Sorten mit den gelblich weißen Früchten. Beide eignen sich ideal als Kuchenbelag.
Schwarze Johannisbeeren fruchten zwar zurückhaltender (sind zum Teil selbstunfruchtbar), dafür ist aber ihr Gesundheitswert höher und ihr säuerliches Aroma intensiver. Um Marmelade oder Gelee schmackhafter zu machen, mischt man zur Aromaverstärkung gerne einige Schwarze zu den Roten. Auch zu Säften und Likören lassen sie sich hervorragend verarbeiten.
Die süßen Beeren in roten, grün- weißen und gelben Sorten der **Stachelbeeren** schmecken

am besten direkt vom Strauch. Aber selbstverständlich sind sie auch für Kuchen, Säfte und Marmeladen geeignet.

Zur Sicherung der Befruchtung pflanzt man am besten mehrere Sorten an. Zum Teil mehltauanfällig; befallene Pflanzenteile sowie Wildtriebe ausschneiden.

Die **Jostabeere** ist eine Kreuzung aus Johannisbeere und Stachelbeere, mit der die Vorzüge der beiden Arten vereint werden sollten. In der Tat sind die Früchte fast so aromatisch wie die der Schwarzen Johannisbeere und fast so groß wie Stachelbeeren. Für experimentierfreudige Gärtner lohnt es sich, Erfahrungen mit den schwarzen Zuchtbeeren zu sammeln.

Erdbeeren baut man üblicherweise im Gemüsebeet an. Vor der Ernte wird mit Stroh gemulcht.

Himbeeren und Brombeeren

Himbeeren sind wohl die Strauchbeeren mit dem süßesten Aroma. Da ihre Ernte aufwändig ist und die Früchte nicht gut zu transportieren sind, muss man auf dem Markt stolze Preise zahlen. Am besten, Sie sichern sich deshalb die Ernte im eigenen Garten. Wer keine geeignete Waldlichtung im Garten hat, wo sie verwildern können, pflanzt Himbeeren in eine Reihe und stabilisert sie ab dem zweiten Jahr mit einem Stützgerüst (zwei Drahtetagen zwischen zwei Pfosten spannen). Seit einiger Zeit ziehen mehrfach tragende Sorten die Aufmerksamkeit auf sich.

Die **Brombeere** stammt wie ihre rote Schwester aus dem Wald. Sie ist robuster und verwildert gerne auf Schuttplätzen und unter Gehölzen. Die Ernte an den Dornenbüschen ist allerdings sehr beschwerlich, weshalb die Züchtung einige dornenlose Sorten hervorgebracht hat. Die Früchte sind sehr gesund und vielseitig verwendbar.

Brombeeren wachsen häufig am Gehölzrand oder auf Schuttplätzen. Für den etwas kultivierteren Anbau bietet man ihnen ein Gerüst, auf das sich die Triebe stützen können.

Zwei Sonderfälle

Die **Kulturheidelbeere** bringt größere Früchte als die wild wachsenden Arten. Die Sträucher sind im Schnitt etwa 100 bis 150 cm hoch und können nach einigen Jahren etliche Kilogramm an Früchten tragen. Zu beachten sind die Ansprüche an einen humosen und vor allem sauren Boden, der in der Regel durch Torf hergestellt werden muss.
Erdbeeren fallen in vieler Hinsicht aus dem Rahmen. Sie werden hauptsächlich im Juli/August gepflanzt, und zwar zwischen Gemüse und Blumen. Bei intensiver Kultur verbleiben sie nur zwei bis drei Jahre am Platz und werden dann durch junge, unverbrauchte Pflanzen ersetzt (siehe Seite 94 ff.).

Bei solch einem Spalier schneidet man regelmäßig die abgetragenen Triebe bodeneben ab.

Regelmäßig auslichten

Wichtigste Maßnahme zur Sicherung regelmäßiger Ernten ist bei allen Pflanzen das Auslichten der Sträucher. Dabei schneidet man alte, abgetragene Triebe am Boden ab, belässt nur eine beschränkte Zahl mittelalter Ruten und regt zum Austrieb neuer an, die wieder reichlich Früchte ansetzen. Da Schwarze Johannisbeeren hauptsächlich an einjährigen Trieben fruchten, werden hier die älteren Ruten nur auf Seitentriebe zurückgeschnitten. An Himbeeren entfernt man bei dieser Gelegenheit die von der Rutenkrankheit befallenen Triebe. Dies kann im Spätwinter vor dem Austrieb erfolgen. Häufig aber empfiehlt es sich, solche Schnittarbeiten gleich bei der Ernte zu erledigen.

Mein Rat

Beeren-Hochstämmchen
Bei Hochstämmchen entspringen die Ruten nicht am Boden, sondern erst in einer Höhe von 100 bis 120 cm auf einem stabilen, gerade hochgezogenen Stämmchen, dem die Fruchtsorte aufveredelt wurde. Das hat nicht nur den Vorteil, dass man Schnitt- und vor allem Erntearbeiten bequem im Stehen verrichten kann. Es sieht auch sehr dekorativ aus, wenn mehrere Hochstämmchen, eventuell sogar beiderseits, den Weg säumen. Und die Fläche unter den Stämmchen kann anderweitig bepflanzt werden. Es werden Johannisbeeren und Stachelbeeren als Hochstämmchen angeboten.

Eine große Auswahl an Baumobst

Bei den gängigen Obstarten, insbesondere beim Apfel, waren die Züchter besonders fleißig. So können wir heute wählen zwischen Sorten, die nur wenig spätfrostgefährdet oder resistent gegen Krankheiten sind, die früher oder später reifen, mehr grün, gelb oder rot gefärbt sind und sich besser zum Frischverzehr oder zum Lagern eignen. Ein besonderer Stellenwert ist dem Geschmack einzuräumen. Eingeengt wird die Auswahl durch die Eigenschaften von Boden und Klima des jeweiligen Standorts: Wer dies nicht berücksichtigt, wird auch an seiner Lieblingssorte keine rechte Freude haben.

Nicht nur aus diesem Grunde lohnt es sich, besonderes Augenmerk auf die jeweiligen Lokalsorten zu richten. Sie gehören in der Regel nicht zum Standardsortiment der Baumschulen, sondern werden von Bauer zu Bauer, von Generation zu Generation weitergegeben. Ihr Wert liegt in ihrer Einmaligkeit und in ihrer langfristigen Anpassung an die örtlichen Gegebenheiten, sodass sie in der Regel recht unkompliziert gedeihen.

Die so genannten alten Sorten sind im Grunde als Kulturgut und genetisches Reservoir erhaltenswert. Generell zu behaupten, dass sie grundsätzlich wertvoller und widerstandsfähiger sind als Neuzüchtungen, würde jedoch zu weit gehen.

Der Speierling ist ein wenig bekannter Verwandter der Eberesche. Haben die Früchte den ersten Frost abbekommen, kann man sie ernten und bei der Mostbereitung zusetzen.

Fast verschollene Obstarten

Speierling, Quitte, Mispel und Haferpflaume sind altehrwürdige Obstarten, die heutzutage selten angebaut werden. Der **Speierling** (Sorbus domestica) bevorzugt sonnig-trockene Standorte auf kalkhaltigem Untergrund. Er ist eng verwandt mit der Eberesche, bringt aber 2 bis 3 cm große Früchte hervor. Aufgrund ihres hohen Gerbsäuregehalts sind diese erst genießbar, wenn sie nach Frosteinwirkung teigig geworden sind. Dann eignen sie sich hauptsächlich als Zusatz bei der Mostbereitung.

Der 'Brettacher' ist eine robuste, alte, süddeutsche Apfelsorte, deren Früchte sehr vielseitig verwendbar sind.

Mein Rat

Lehmpackung nach Bauernart
Eine dickflüssige Mischung aus Lehm, Kuhmist und etwas Kalk oder Schachtelhalm-Präparat eignet sich hervorragend als Baumanstrich mit vielseitiger Wirkung: Die Brühe kräftigt den Baum und trägt zur Gesundung von Wunden bei. Außerdem beugt der Anstrich – vor dem Winter aufgetragen – der Entstehung von Frostrissen vor.

Bei der **Quitte** *(Cydonia oblonga)* können die Früchte ebenso wie beim kleineren Speierling sowohl apfel- als auch birnenförmig sein. Alle Teile sind mehr oder weniger behaart. Eine herausragende Eigenschaft der Früchte ist jedoch ihr kräftiger Duft, nicht zuletzt deshalb setzt man sie gerne für weihnachtliche Gestecke ein.
Ansonsten benutzt man die Quitte, genau wie Mispeln, aufgrund ihres hohen Pektingehalts hauptsächlich als Geleezusatz. Die bei uns heimische und sehr anpassungsfähige **Mispel** *(Mespilus germanicus)* erfreut nicht nur durch ihre Früchte, sondern auch mit großen, weißen Blüten.
Die **Haferpflaume** oder auch »Krieche« *(Prunus domestica)* schließlich ist ein dorniger Baum oder Strauch, der schon vor langer Zeit aus einer Kreuzung von Schlehe und Pflaume hervorging. Das Fleisch der roten, gelben oder blauen Früchte löst sich nicht so leicht vom Kern wie bei der »kultivierteren« Verwandtschaft.

Obstbaumpflanzung

Beste Pflanzzeit sind die Herbstmonate, wenn die Bäume ihr Laub abgeworfen haben. Triebe und lose Wurzeln werden etwa um ein Drittel zurückgeschnitten. Der Boden der Grube ist zu lockern, die Wände sind möglichst mit Reifkompost auszukleiden. Gegebenenfalls schlägt man schon zuvor an der Südseite einen Stützpfahl ein, an den das Bäumchen mit einer dicken Kordel angebunden wird. Züchter haben sich viel Mühe gegeben, schwachwüchsige Obstbäume zu entwickeln, sodass sie heute auch im kleinsten Garten Platz finden. Zu diesem Zweck werden die Fruchtsorten auf schwachwüchsige Unterlagen veredelt. So kann also auch der nachgeahmte Bauerngarten die eine oder andere Obstart innerhalb seiner Umzäunung aufnehmen. Bei der Auswahl der Unterlage sollte man sich je nach Standortverhältnissen, gewünschter Wuchsstärke und Fruchteigenschaften in einer Markenbaumschule beraten lassen. Entsprechend der Wuchsstärke sind auch die Pflanzabstände zu wählen.

Im Gegensatz zur Streuobstwiese wird man bei kleinkronigen Bäumen im Garten die Baumscheibe zunächst von Bewuchs freihalten, um sie später gezielt zu bepflanzen. **Gründünger** wie Lupinen oder Phazelia verbessern den Boden. Auch Ringelblumen wird eine günstige Wirkung nachgesagt, und Kapuzinerkresse soll sogar die Läuse vom Baum ablenken.

Empfehlenswerte alte Apfelsorten

Name	Pflück-reife[1]	Genuss-Reife[1]	Standort/Eigenschaften
'Berlepsch'	10–11	11–3	in guten Lagen robust, spätfrostempfindlich, guter Pollenspender, hoher Vitamin-C-Gehalt
'Blenheim' (= 'Goldrenette von Blenheim')	10	11–2	nährstoffreich, in geschützten Lagen robust
'Boskoop'	10	12–4	feuchte, frostfreie Lagen, kein Pollenspender
'Brettacher'	10	1–5	sehr robust, kein Pollenspender, vielseitig verwendbar, v. a. in Süddeutschland
'Cox Orange'	9	0–12	humose Böden, nur geschützte Lage
'Glockenapfel'	10	12–5	nur gute Lagen, leichte Böden; luftige Krone, knackiger Lagerapfel
'Goldparmäne'	10	10–11	nährstoffreich, geschützt bis in Höhenlagen, guter Pollenspender, schorfanfällig
'Gravensteiner'	9	9–11	frisch, geschützte Lage, sonst krankheitsanfällig, v. a. in Norddeutschland
'Jakob Lebel'	9	10–1	durchlässige Böden, windgeschützte Lage, v. a. für Obstwiese
'James Grieve'	8–9	9–10	nährstoffreich, windgeschützte Lage, guter Pollenspender
'Klarapfel'	8	8	frühester Tafelapfel, anspruchslos, guter Pollenspender
'Ontario'	10	1–5	nährstoffreich, in geschützter Lage, reich tragend, guter Pollenspender
'Winterrambour'	10	12–5	alte Lagersorte, robust auf frischen Böden, schlechter Pollenspender
'Zuccalmaglio'	10–11	11–3	auf frischen Böden robuster ertragreicher Tafelapfel, guter Pollenspender

[1] Angaben in Monaten

Kompost – der »Magen des Gartens«

Im Kompost treffen sich organische Stoffe, die wieder dem Garten zugeführt werden. Hier werden sie von Myriaden von Lebewesen ab- und umgebaut; im Grunde tun diese Organismen nichts anderes als unsere Darmflora. Und nach dem Verdauungsvorgang werden die aufbereiteten Nährstoffe in die Bereiche geleitet, wo sie für Gedeihen und Wachstum benötigt werden; hierbei muss allerdings, stellvertretend für den Blutkreislauf, der Gärtner mit seiner Schubkarre Hilfe leisten.

Wo eine fachgerechte Kompostwirtschaft betrieben wird, braucht man kaum noch andere Zusätze für die Pflanzenkultur. Vielleicht setzt man je nach Bodenart dem Kompost noch etwas Gesteinsmehl oder Kalk hinzu, um bestehende Ungleichgewichte auszugleichen. Ansonsten aber ist der Kompost ein lebendiges Substrat, das in der Regel alle benötigten Nährstoffe wohl dosiert freigibt.

Als einfachste Form, um Kompost zu sammeln und aufzusetzen, eignet sich die offene Miete.

Der richtige Platz

Ob man den Kompost im umzäunten Garten anlegt oder außerhalb, ist eine Platzfrage. Grundsätzlich muss er ja nicht gegen irgendwelche Störenfriede geschützt werden, und im Außenbereich hat man mehr Platz zum Arbeiten. Andererseits werden die Wege länger, wenn man wegen jedem Unkraut oder Putzabfall den umzäunten Bereich verlassen muss, und bei nachgeahmten Bauerngärten in der Stadt stellt sich diese Frage erst gar nicht.

Auch ob offene Mieten oder Behälter zu bevorzugen sind, ist eine Frage der Räumlichkeiten. Mieten kosten nichts und sind grundsätzlich ausreichend. In kleinen Gärten wird man eher einen (oder zwei) Behälter benutzen. Sie sind raumsparender, und außerdem sieht es »aufgeräumter« aus, wenn die gesammelten Abfälle hinter einer Wand verschwinden. Geschlossene Behälter allerdings sind wirklich nur in extremen Fällen zu empfehlen. Die Rotte darin ist schwieriger zu lenken, weil nur ein geringer Luft- und Feuchtigkeitsaustausch stattfinden kann. Und ein Plastikbehälter ist im Bauerngarten ohnehin ein Stilbruch.

Kompostbehälter für den Bauerngarten sollten aus natürlichen Materialien bestehen, nicht unbedingt aus Plastik.

Feucht und luftig

Am besten sollte der Kompostplatz nicht direkt in der prallen Sonne liegen, sondern etwas geschützt unter großen Sträuchern, einem Holunder etwa oder einem Haselbusch. Denn dort ist am besten gewährleistet, dass er nicht austrocknet. Der Untergrund sollte offen sein. Die wichtigste Regel lautet, dass der Kompost einerseits Feuchtigkeit für die Rotte braucht, andererseits auch Sauerstoff. Deshalb muss ein Behälter luftdurchlässig sein. Das Material darf nie so vernässen, dass die Luft ausgeschlossen wird. Am Boden legt man grob geschnittene Äste und Stängel unter, damit auch von unten Luft herankommt.

Das Material wird vor dem Aufsetzen gut zerkleinert. Optimal ist ein ausgewogenes Gemisch aus strohigem, holzigem Schnittgut und saftigen, stickstoffreichen Grünabfällen. Wer Mist zur Verfügung hat, kann seinen Kompost damit »veredeln«, sollte aber zum Ausgleich viel Stroh oder Holzhäcksel zusetzen. Kompost wird jährlich in dünnen Schichten und in allen Gartenbereichen verabreicht. Die 1. Tracht (siehe Seite 95) verträgt einen jungen, noch in der Rotte befindlichen Rohkompost, während der Boden bei der 3. Tracht nur mit vollständig ausgereiftem Kompost verbessert werden darf.

Sinnvoll ergänzen

Zur Ergänzung des Komposts stehen käufliche Dünger zur Verfügung, wobei organische bevorzugt werden sollten. Als Ersatz für Mist wird getrockneter Rinderdung angeboten. Wer will, kann auch Pflanzenjauchen selbst herstellen. Präparate aus Brennnessel und Beinwell sind wertvolle, weil rasch verfügbare Nährstoffquellen. Ihre Herstellung ist gar nicht schwer, allerdings etwas geruchsintensiv. Man kann praktisch aus allen Kräutern eine Düngejauche zaubern.

Bodenpflege je nach Standort

Die Frage nach dem Umgraben hat schon so manchen Gärtner verunsichert: Soll er nun oder soll er nicht? Die Antwort auf die Frage liegt im Boden.

Kompost – der »Magen des Gartens«

Auf leichtem, sandigem Untergrund braucht nicht umgegraben zu werden. Dort würde man nur das Bodenleben im wahrsten Sinne des Wortes auf den Kopf stellen. Es genügt, den Boden mit Grabgabel oder Sauzahn zu lockern und vor dem Winter mit einer Mulchdecke zu schützen. Der Mist, sofern vorhanden, wird erst im Frühjahr flach eingearbeitet. Dabei kann man zur Bodenverbesserung auch Tonmehl streuen.

Schwere Böden dagegen sind sehr klebrig, lassen weder Luft noch Wasser durch und neigen daher zur Staunässe. Damit die verfestigten Erdschollen durchfrieren können und auseinander bröseln, wird bei solchen Bedingungen vor dem Winter umgegraben. Dabei bringt man auch gleich den Mist aus. Um Mineralstoffe anzureichern, wird hier gröberem Urgesteinsmehl der Vorzug gegeben gegenüber dem feinen Tonmehl.

Mittelschwere oder durchschnittliche Gartenböden sind eher wie leichte Böden zu behandeln – das Umgraben vor dem Winter wäre eine unnötige Störung. Kalk sollte wirklich nur bei Bedarf verabreicht werden. Reiche Kalkgaben mögen zu kurzfristigen Erfolgen verhelfen, führen langfristig aber zur Auslaugung des Bodens.

Schwere Böden darf man vor dem Winter umgraben, damit sie fruchtbar bleiben. Für alle Standorte empfiehlt sich das regelmäßige Einarbeiten von Kompost.

Auf eigenem Mist gewachsen

Die Bauern konnten früher mit Fug und Recht behaupten, was sie ernteten sei »auf eigenem Mist gewachsen«. Denn außer den nährstoffreichen Hinterlassenschaften der tierischen Hofbewohner brauchte man in der Regel keine anderen Materialien zuführen, um eine dauerhafte Bodenfruchtbarkeit zu gewährleisten. Sollte man heute das Glück haben, das wertvolle Material ergattern zu können, so sind einige Punkte zu beachten. Zum Beispiel darf der frische Mist nicht untergegraben werden, weil er sonst fault und dabei Giftstoffe produziert. Abgelagerter Mist ist generell verträglicher als ganz frischer. Außerdem sind die Fäkalien verschiedener Tierarten unterschiedlich zu behandeln.

Bauernschlauer Pflanzenschutz

Der Bauerngarten dürfte die Stätte sein, an der im Lauf der Zeit die meisten naturgemäßen Methoden des Pflanzenschutzes ersonnen und erprobt wurden. Fragen Sie einmal eine erfahrene Bauerngärtnerin: Es wird kaum eine geben, die nicht einen persönlichen vielfach bewährten Trick gegen Läuse oder Mäuse, Schnecken oder Mehltau auf Lager hat.

Zur Gesunderhaltung gehört eine sachgerechte Ernährung (siehe Seite 118) in der richtigen Fruchtfolge. Bei fachgerechter Mischkultur wird der Standort optimal genutzt, manche Pflanzen vertreiben sogar die Schädlinge der Nachbarn (siehe Seite 94).

Schützende Pflanzen und andere Tricks

Einige Bäuerinnen lassen bestimmte Gemüsearten blühen um Nützlinge anzuziehen. Oder sie bauen bewusst Blumen an, um Schädlinge anzulocken, die dort dann von Hand abgesammelt werden können. Ysop oder Schleifenblume ziehen beispielsweise Kohlweißlinge an. Die Kreuzblättrige Wolfsmilch *(Euphorbia lathyris)* kennen wir fast nur aus Bauerngärten, wo sie die Aufgabe hat, **Wühlmäuse** zu vertreiben. Auch Knoblauch und Kaiserkronen wird diese Fähigkeit nachgesagt, allerdings funktioniert es nicht hundertprozentig. Ginsterzweige, zwischen die Reihen gelegt, vertreiben **Erdflöhe** von Rettich, Radieschen und Kohlkeimlingen. Senf als Zwischenpflanzung soll **Schnecken** abhalten. Dass man diese Plagegeister leicht von den Unterseiten eines Bretts ablesen kann wurde sicherlich im Bauerngarten entdeckt.

Augenfällige Abwehrmethoden haben die Bauerngärtner/innen gegen allzu gierige Vögel erfunden. Früher waren **Vogelscheuchen** ein beliebter Blickfang auf dem Feld.

Eine fantasievolle Vogelscheuche aus aufgehängten Kartoffeln, in denen Geflügelfedern stecken.

Bauernschlauer Pflanzenschutz

Schon früh haben Bauern entdeckt, dass sich Brennnesseln für Düngung und Pflanzenschutz eignen.

Eine besonders einfache und wirkungsvolle Konstruktion: Fünf bis sechs übrig gebliebene Kartoffeln werden an einem kräftigen Astgestell aufgehängt, und in die Kartoffeln steckt man Federn des Geflügels, sodass sich die Konstruktion beim leisesten Lufthauch bewegt. Apropos Geflügel: Wer Enten, Gänse oder Hühner hält, hat in der Regel kein Problem mit den Schnecken.
Auch die meisten **Jauchen** und **Spritzbrühen** aus einfachen Hilfsstoffen stammen ursprünglich aus den Rezeptbüchern der Bäuerinnen. Aus Lehm, Kalk, Kuhmist und Kräutern (Rainfarn, Schachtelhalm) brauten sie einen wirkungsvollen Stammanstrich zusammen. Verdünnte Molke beugt als Spritzmittel gegen Pilzerkrankungen an Tomaten und anderen Pflanzen vor. Und zahlreiche Kräuter geben heilkräftige Präparate gegen Insekten ab.

Auf einen Blick

- Mischkultur und Fruchtfolge sind bewährte Techniken, damit sich die Gemüse gegenseitig im Wachstum fördern.
- Traditionell werden die Gemüse in Trachten angebaut, je nach Nährstoffbedarf und Mistverträglichkeit.
- Auch Kräuter und Blumen nehmen dabei eine wichtige Stellung ein.
- Neben den bekannten Gemüse- und Kräuterarten lohnt ein Versuch mit vergessenen Pflanzenschätzen, die auf eine lange Bauerngarten-Tradition zurückblicken können.
- Die Züchtung kleiner Baumformen ermöglicht den Obstanbau auch in beengten Gärten.
- Beerensträucher passen aufgrund ihrer Anspruchslosigkeit gut in den Bauerngarten, auch wenn die Verarbeitung der Früchte hohen Aufwand erfordert.
- Bei Obstbäumen empfiehlt es sich, alten Sorten und selten gewordenen Arten den Vorzug zu geben.
- Eine fachgerechte Kompostwirtschaft ist das A und O eines gesunden, wüchsigen Gartens.
- Der Erfahrungsschatz des Bauerngartens ist die Quelle für viele Methoden des naturgemäßen Pflanzenschutzes.

Adressen, die Ihnen weiterhelfen

Bezugsquellen

Stauden, Kräuter und Gemüse

Blumen, Kräuter, Duft- und Zauberpflanzen
Rühlemann's Kräuter & Duftpflanzen
Auf dem Berg 2
27367 Horstedt
www.ruehlemanns.de

Ferme de Sainte Marthe
Ulla Grall
Bäreneck/Efeuhaus
55288 Armsheim

Allerleirauh
Kronstr. 24
61209 Echzell

Küchengarten
Waldstetter Gasse 4
73525 Schwäbisch Gmünd

Syringa Duft- und Würzkräuter
Bachstr. 7
78247 Hilzingen-Binningen
www.syringa-samen.de

Staudengärtnerei Gräfin von Zeppelin
79295 Sulzburg-Laufen
www.graefin-v-zeppelin.com

Blumenschule Schongau
Engler & Friesch
Augsburger Str. 62
86956 Schongau
www.blumenschule.de

Staudengärtnerei
Dieter Gaissmayer
Jungviehweide 3
89257 Illertissen
www.staudengaissmayer.de

Raritäten-Gärtnerei Treml
Eckerstr. 32
93471 Arnbruck
www.pflanzentreml.de

Alte und Englische Rosen

Rosen Jensen GmbH
Am Schlosspark 2b
24960 Glücksburg
www.rosen-jensen.de

W. Kordes & Söhne
Rosenstr. 54
25365 Klein Offenseth/Sparrieshoop
www.kordes-rosen.de

Rosenhof Schultheis
61231 Bad Nauheim-Steinfurth
www.rosenhof-schultheis.de

Rosen-Union
Steinfurther Hauptstr. 27
61231 Bad Nauheim-Steinfurth
www.rosen-union.de

Rosengärtnerei Kalbus
Hagenhauser Hauptstr. 112
90518 Altdorf
www.rosen-kalbus.de

Alte Obstsorten

Baumschule Alte Obstsorten
Waldweg 2/Winderatt
24966 Sörup
www.alte-obstsorten.de

Baumschule Hermann Cordes
Pinneberger Straße 247 a
25488 Holm/Holstein
www.cordes-apfel.de

Baumschule Ganter
Forchheimer Str./Baumweg 2
79369 Wyhl am Kaiserstuhl
www.baumschule.com

Baumgartner Baumschulen
Hauptstraße 2
84378 Nöham
www.baumgartner-baumschulen.de

Baumschule Brenninger
Hofstarring 2
84439 Steinkirchen
www.brenninger.de

Adressen

Bauerngärten im Freilichtmuseum
Nahezu jeder Regierungsbezirk in Deutschland und in Österreich betreibt ein Freilichtmuseum, in dem mehr oder weniger intensiv auch historische Bauerngärten, deren Gestaltungsformen und Pflanzen vorgestellt werden, zum Beispiel in
- 14195 Berlin-Dahlem,
- 21039 Hamburg-Altona,
- 21682 Stade,
- 26160 Bad Zwischenahn,
- 29413 Diesdorf,
- 32760 Detmold,
- 49661 Cloppenburg,
- 74523 Schwäbisch Hall,
- 82439 Glentleiten/Großweil,
- 83123 Amerang,
- 84323 Massing,
- 88427 Bad Schussenried,
- 91438 Bad Windsheim

sowie in Österreich in Salzburg-Großgmain und Kramsach/Tirol.

Bitte erkundigen Sie sich selbst nach Schwerpunkten, Veranstaltungen und Öffnungszeiten. Das gesamte, jeweils aktualisierte Verzeichnis finden Sie auf den Internetseiten www.freilichtmuseen.de oder www.vl-freilichtmuseen.de.

Bezugsquellen, Adressen, Literatur

Verbände und Vereine

Pomologen-Verein e.V.
c/o Joachim Brauss
Deutschherrenstraße 94
53177 Bonn

Verein zur Erhaltung der Nutzpflanzenvielfalt (VEN)
Ursula Reinhard
Sandbachstr. 5
38162 Schandelah
www.nutzpflanzenvielfalt.de

Deutsche Dahlien-, Fuchsien- und Gladiolengesellschaft
c/o Bettina Verbeek
Maasstr. 153
47608 Geldern-Walbeck
www.ddfgg.de

Internationale Clematis-Gesellschaft
c/o Ralf Martin Schreck
Heidelberger Str. 5 A
76344 Eggenstein-Leopoldshafen
Tel.: 0 72 47 / 27 63

Verein Deutscher Rosenfreunde
c/o Elke Gottschalk
Waldseestr. 14
76530 Baden-Baden
www.rosenfreunde.de

Arche Noah
Obere Str. 40
A-3553 Schloss Schiltern
www.arche-noah.at

Fructus
Glärnischstr. 31
CH-8820 Wädenswil
www.fructus.ch

Pro Specie Rara
Pfrundweg 14
CH-5000 Aarau
www.psrara.org

Literatur

Adams, Katharina: Hortensien, BLV, München 2007

Austin, David: Vom Zauber englischer Rosen, BLV, München 2003

Bauer, Ute: Alte Rosen, BLV, München 2003

Breckwoldt, Michael: Cottage-Gärten, BLV, München 2006

Bross-Burkhardt, Brunhilde: Mein kleiner Küchengarten, BLV, München 2007

Fuchs, Herrmann: Phlox, Verlag Eugen Ulmer, Stuttgart 1994

Großmann, G. und Wackwitz, W.D.: Spalierobst, Verlag Eugen Ulmer, Stuttgart 1998

Hörsch, Walter: Clematis, BLV, München 2004

Jachertz, Iris: Die schönsten Gartenblumen, BLV, München 2005

Keil, Gisela: Stimmungsvolle Bauerngärten, Callwey Verlag, München 2001

Költringer, Claudia: Altes Kräuterwissen wieder entdeckt, BLV, München 2007

Kreuter, Marie-Luise: Der Biogarten, BLV, München 2004

Kreuter, Marie-Luise: Pflanzenschutz im Biogarten, BLV, München 2002

Lloyd, Chr. u. Bird, R.: Der Cottage-Garten, Verlag Dorling Kindersley, Starnberg 2002

Malberg, Horst: Bauernregeln, Springer Verlag, Berlin Heidelberg 1999

Mitteregger, Elisabeth: Gärtnern nach Mondphasen, Verlag Eugen Ulmer, Stuttgart 2005

Richberg, Inga-Maria: Altes Gärtnerwissen, BLV, München 2004

Stangl, Martin: Stauden im Garten, BLV, München 2004

Stein, Siegfried: Gemüse, BLV, München 2002

Steinberger, Bärbel: Mein schöner Bauerngarten, BLV, München 2007

Strauß, Friedrich: Balkon-Träume, BLV, München 2003

Sulzberger, Robert: Gärten für alle Sinne, Heyne-Ludwig, München 2008

Sulzberger, Robert: Kompost, Erde, Düngung, BLV, München 2003

Tornieporth, Gerda: Das große Buch vom Buchs, BLV, München 2005

Tornieporth, Gerda: Pfingstrosen, BLV, München 2003

Thun, Maria: Erfahrungen für den Garten, Franckh-Kosmos Verlag, Stuttgart 2004

Urban, Helga: Garten der Düfte, BLV, München 1999

Waechter, Dorothee: Formschnitt, BLV, München 2005

Waechter, Dorothee: Romantische Blumengärten, BLV, München 2002

Zacker, Christina: Knaurs immerwährender Gartenkalender, Knaur Ratgeber Verlag, München 2004

Stichwortverzeichnis

Seitenzahlen mit * verweisen auf Abbildungen

Akelei 69, 69*
Alant 18, 75, 75*
Alpenjohannisbeere 50
Alraune 90
Amaranth 106
Ampfer 105, 105*
Apfel 56
– Sorten 116

Bachlauf 45
Balkon 86
Balkonpflanzen 87
Bauerngarten 14*, 17*
–, echter 15
–, Geschichte 8
–, nachempfundener 14, 15, 27
Bauernpfingstrose 77
Bauernregeln 13, 21, 22
Baumobst 114
Beeren 110
Beeren-Hochstämmchen 113
Beeteinfassung 43, 44*, 99
Beetrose 63
Befestigung des Bodens 28
Bergahorn 55, 57
Bergulme 55, 57
Beton 42
Bilsenkraut, Schwarzes 90
Birne 56
Blaukissen 70, 70*
Blütendufter 85
Bodenpflege 118

Bohnenkraut 98
Brennnessel 19, 121*
Brombeere 111, 112, 112*
Brunnen 45
Buchdruck 11
Buchs 11, 43, 50
Buchweizen 107, 107*

Capitulare de Villis 8, 9
Cardy 104
Christentum 10
Clematis 31
– Hybriden 31

Dachwurz 79
Dahlie 16, 81, 81*
Dicke Bohne 107
Diptam 85
Drahtzaun 33
Duft-Schneeball 85
Düfte, nostalgische 84
Duftwicke 85
Dünger 118

Eberesche 54, 55*, 56
Eibe 51
Eibisch 18, 68
Eingangsbögen 31
Eisenhut 68
Erdbeere 112*, 113
Erdbeerspinat 106, 106*
Erdflöhe 120
Esche 57

Falscher Jasmin 48, 50

Farben 67
Faulbaum 50
Feldahorn 50, 56
Feldulme 55, 57
Fichte 50
Fingerhut 19, 73, 73*
Flieder 48, 51
Form 27
Formschnitt 52
Forsythie 48, 50
Frauenmantel 19
Fruchtfolge 95
Frühlingsblumen, Zweijährige 85
Fuchsschwanz 106*
Funkie 75

Gämswurz 73, 73*
Gänseblümchen 99
Garten-Chrysantheme 70, 71*
Gartenstil, englischer 12
Gartentulpe 81
Geißblatt 31
Gemüsesorten 97
Geranie 86, 86*
Germanen 8
Gladiole 81
Glockenblume 70
Goldgarbe 68, 68*
Goldlack 84*
Goldregen 50
Gründünger 116
Guter Heinrich 104, 104*

Haferpflaume 115

Haferwurz 109, 109*
Hainbuche 50
Halloween 90
Hartriegel 50
Haselnuss 48, 50
Hauptkultur 96
Hausbaum 54, 54*
Hausmittel 13
Hauswurz 79, 91
Hecken 49
Heilpflanzen 18
Herbst-Aster 69, 69*
Herzchenblume 16
Hexenkugeln 91
Hildegard von Bingen 11
Himbeere 111, 112
Hochstammrose 63
Holunder 48, 51, 91
Hortensie 49, 50
Hyazinthe 81

Indianernessel 77

Jauche 121
Johannisbeere 16, 110, 111
– Hochstämmchen 110*
–, rotfruchtige Form 111
–, Schwarze 111
Johanniskraut 20, 90
Jostabeere 112

Kaiserkrone 16, 81
Kamille 98
Kantensteine 42
Kapuzinerkresse 96*, 99
Karl der Große 8, 10, 20
Kasseler Strünkchen 105
Kies 40

Kieswege 42
Kirsche 56
Kletterhortensie 89
Kletterknöterich 89
Kletterpflanzen 30, 89
Kletterrose 31, 63
Klinkerweg 42*
Klostergarten 10*
Knollenblumen 82
Knollengewächse 81
Knollenziest 109
Kohlrübe 101
Kolumbus 11
Kompost 117, 117*
Königskerze 18
Koriander 98
Kornelkirsche 50
Kräuter 98
Kräuterbeet 98
Kreuzzüge 11
Kübelpflanzen 87, 88, 88*
Kugeldistel 74
Kulturheidelbeere 113
Kümmel 98

Laube 29
Lavendel 91
Liebeszauber 90
Linde 55, 91
Löwenzahn 99
Ludwig XIV 12
Lupine 77, 77*
Lustgärten 12

Mädchenauge 71, 71*
Madonnenlilie 16, 18, 18*, 76
Maiglöckchen 71
Mairübe 101*
Mangold 103

Mauern 30
Meerkohl 102
Mehlbeere 54, 56
Melde 103, 103*
Mirabelle 56
Mischkultur 94
Mispel 55, 56, 115
Möbel 28
Mohn, Türkische 78, 78*
Mond 22
Mutterkraut 19, 80, 80*

Nachkultur 96
Nachtkerze 85
Nachtviole 85
Narzisse 81
Natursteinbelag 41
Natursteine 42*
Nelke 72
Nutzpflanzen 20, 100

Obstbaum 55, 115
Obstwiese 58
Odermennig 103

Pastinake 108, 108*
Pavillon 29
Pergola 29
Petersilie 99
Pfaffenhütchen 50
Pfeifenstrauch 48, 50
Pfingstrose 18*, 19, 66*
Pflanzenschutz 120
Pflasterbelag 41
Pflaume 56
Platane 55, 57
Portulak 105
Primel 79

Prinzip Bauerngarten 17
Puffbohne 107

Quitte 55, 56, 115

Rambler 32
Rapunzel-Glockenblume 108
Rauke 104
Rindenmulch 38*, 41
Rindenschnitzel 41
Ringelblume 91
Rittersporn 72, 72*
Robinie 55, 56
Römer 8
Rondell 38
Rose 62, 91
–, Alte 65
–, historische 64
–, Pflanzung 63*
–, Pflanzzeit 63
Rosenbogen 31
Rosmarin 98
Rosskastanie 57
Rotdorn 55, 56
Rutenkrankheit 113

Sadebaum 51
Schachtelhalm 19
Schafgarbe 99
Schattengarten 30
Schnecken 120
Schneeball 51
Schnitthecke 49*, 51
Schnittkohl 102
Schnittlauch 98*, 99
Schöllkraut 18*, 20
Schwertlilie 18, 75
Siebenschläfer 21

Sommerblumen 83
–, Einjährige 83, 84
–, Zweijährige 83, 85
Sommerlinde 57
Sommermargerite 76, 76*
Sommerphlox 78, 78*
Sonnenblume 16
Sonnenbraut 16, 74
Sonnenhut 79
Speierling 54, 56, 114, 114*
Speiserübe 101
Spitzahorn 55, 57
Spitzwegerich 19, 99
Spritzbrühe 121
Stachelbeere 110, 111, 111*
Standort 26
Starkzehrer 96
Stauden 66
Staudenphlox 78
Stechapfel 90
Steiner, Rudolf 22
Steingarten 99
Steinkraut 70*
Stiefmütterchen 18
Stieleiche 57
Stielmus 102, 102*
Stockmalve 83*
Sträucher 48
Strauchrose 49, 63
Streuobstwiese 58, 58*

Taglilie 74, 74*
Teich 45
Thun, Maria 22
Tollkirsche 90
Traditionen 15
Tränendes Herz 16, 72, 91*
Traubeneiche 57
Trauerweide 57
Tulpe 16

Unkraut 19

Veilchen 80
Vorkultur 96

Waldrebe 89
Walnuss 55, 56
Wasserstelle 45
Wassertrog 45*
Wegbefestigung 41
Wegbeläge 40
Wege 37, 37*
Wegeflächen 39
Wegflächeneinfassungen 42
Wegekreuz 38
Weidenröschen, Schmalblättriges 20
Weißdorn 50, 55, 56
Wildhecken 49
Wildpflanzen 19
Winterlinde 57
Wolfsmilch, Kreuzblättrige 120
Wühlmäuse 120
Würzkräuter 98

Zauberpflanzen 90
Zäune 33, 34*
Ziermangold 100*
Zuckerwurzel 108
Zwiebel 82
Zwiebelgewächse 81

Über den Autor

Robert Sulzberger, Gartenbau-Ingenieur, arbeitete nach dem Studium einige Jahre im Lektorat eines Buchverlags und bei der Zeitschrift »Kraut & Rüben«, bevor er sich als Autor und Redakteur für Gartenthemen selbständig gemacht hat. Seither langjähriger Autor eines Arbeitskalenders, zahlreicher Fachbeiträge und Gartenbücher, zwischendurch auch Herausgeber einer ganzen Gartenbuch-Reihe sowie Veranstalter eines erfolgreichen Gartenmarkts am Bodensee.

Bibliografische Information Der Deutschen Bibliothek

Die Deutsche Bibliothek verzeichnet diese Publikation in der Deutschen Nationalbibliografie; detaillierte bibliografische Daten sind im Internet über http://dnb.ddb.de abrufbar.

Bildnachweis

Borstell: 2/3, 4, 5r, 6/7, 11, 13, 16, 17, 34ml, 39m, 42, 43, 46/47, 49, 52, 59r, 60/61, 62u, 80, 81, 90l, 91, 92/93, 103, 107o, 108, 110
Bross-Burkhardt: 5l, 12, 34ol, 39r, 64, 66, 72, 83, 84r, 9or, 94, 106o
David Austin Roses: 62o
GBA/Didillon: 121
GBA/Engelhardt: 1, 86
GBA/Noun: 71l
Hagen: 34mr
Redeleit: 19, 39l, 44o, 63, 77, 112u, 117, 119
Reinhard: 14, 18o, 21, 32, 59l, 101, 114, 118
Seidl 55o
Stangl: 113
Stein: 28, 102o, 104, 105, 109
Strauß: 24/25, 88, 115
Sulzberger: 10, 15, 18m, 26, 27, 29, 30, 34om, 34or, 38, 45, 53, 55u, 58, 68, 70, 71, 73u, 74, 75, 76, 78r, 79, 84l, 89, 95, 96, 99, 100, 102u, 107u, 112o, 120

Grafiken: Heidi Janiček

Überarbeitete und erweiterte Ausgabe des Titels »Bauerngärten« aus der Reihe »BLV Garten plus«.

BLV Buchverlag GmbH & Co. KG
80797 München

© 2009 BLV Buchverlag GmbH & Co. KG
München

Das Werk einschließlich aller seiner Teile ist urheberrechtlich geschützt. Jede Verwertung außerhalb der engen Grenzen des Urheberrechtsgesetzes ist ohne Zustimmung des Verlags unzulässig und strafbar. Das gilt insbesondere für Vervielfältigungen, Übersetzungen, Mikroverfilmungen und die Einspeicherung und Verarbeitung in elektronischen Systemen.

Umschlagfotos: Juliette Wade/Gapphotos (Vorderseite), Borstell (Rückseite)

Lektorat: Dr. Thomas Hagen

Redaktion: Redaktionsbüro Wolfgang Funke, Augsburg

Herstellung: Hermann Maxant

Satz: Uhl + Massopust, Aalen

Gedruckt auf chlorfrei gebleichtem Papier

Printed in Germany · ISBN 978-3-8354-0512-7

Im Einklang mit der Natur

Inga-Maria Richberg
Altes Gärtnerwissen wieder entdeckt
Der Klassiker – noch informativer und praxisgerechter:
ein reicher Fundus an Kenntnissen und Erfahrungen,
mit denen unsere Vorfahren erfolgreich gärtnerten –
überprüft im Hinblick auf den heutigen Wissensstand.
ISBN 978-3-8354-0216-4

Bücher fürs Leben.